일과 **상사**를 **내편**으로 만드는
직장인의 작은 습관

일.상.내편

일.상.내편

초판 1쇄 인쇄   2019년 3월 30일
초판 1쇄 발행   2019년 4월 3일

지은이   송창용
발행인   전익균, 전승환

기 획   조양제, 백현서
관 리   김영진, 정우진
디자인   김 정
펴낸곳   팀메이츠, 새빛북스
전 화   02)2203-1996   **팩스** 02)417-2622
출판문의 및 원고투고 이메일 svedu@daum.net
등록번호   제215-92-61832호   **등록일자** 2010. 7. 12

값15,000원
ISBN 978-89-92454-40-7(03190)

이 도서의 국립중앙도서관 출판시도서목록(CIP)은 서지정보유통지원시스템 홈페이지(http://seoji.
nl.go.kr)와 국가자료공동목록시스템(http://www.nl.go.kr/kolisnet)에서   이용하실 수 있습니다.
(CIP제어번호: CIP2019008759)

일과 **상사**를 **내편**으로 만드는
직장인의 작은 습관

일. 상. 내편

당신이 간과하고 있던 주변의 힘을 이용하는 공식

송창용 지음

도서출판 새빛 ⁵AEVIT   **TeammateS**®

내가 지금 직장생활을 잘 하고 있는 걸까?

우리는 살면서 현실을 부정하고 싶을 때가 있습니다. 뜻하지 않게 사고를 당하거나 사랑하는 사람과 헤어지게 될 때, 뜻하는 대로 일이 풀리지 않을 때, 내가 한없이 작아 보일 때와 같이 갑자기 닥친 시련 앞에서 그런 태도를 보입니다. '시련'이라고 느껴지면 우리는 현실이 꿈이길 바라며 눈을 질끈 감아 버립니다. 사실 어떤 종류의 시련이라도 아픈 건 매 한 가지입니다. 아프지 않으면 시련이 아니겠지요. 하지만 달리 보면 시련은 기존의 삶을 변화시킬 수 있는 가장 확실하고 훌륭한 동기부여제입니다. 지금 삶이 만족스럽고 잘 풀린다면 우리는 굳이 변화할 필요를 못 느낄 겁니다. 그러나 바꾸고 싶은 습관이 있거나 성공하기 위한 계기를 찾고 있었다면 시련은(비록 아프지만) 가장 좋은 촉매제가 됩니다. 당신이 느끼는 갈증이 깊을수록 더 나은 방향을 찾아낼 가능성도 커진다는 뜻입니다.

직장에서도 마찬가지입니다. 직장에서 성취감을 느끼고 지금 하는 일을 평생 직업으로 삼아보라는 말을 듣게 되면 '내가 평생 이런 일이나 하고 있으라고?'하며 화를 내는 경우가 있습니다. 직장은 빨리 도망치고 싶은 곳이고 내가 하는 일과 수입 역시 만족스럽지 못하다는 뜻이겠지요. 물론 상식적이지 못한 조직문화를 가진 조직이라면 다른 곳을 찾는 것이 맞겠지만, 지금의 회사를 선택한 것도 자기 자신이니 여기서 어느 정도 승부를 볼 필요가 있지 않을까 생각을 해봅니다.

우리는 우리가 몸담고 있는 회사가 더 나은 곳으로 변하기를 바라지만, 사실 회사는 잘 안 변합니다. 최고경영자 또는 오너가 큰 마음을 먹고 대대적으로 조치를 취하지 않는 이상 기존의 조직문화는 시멘트처럼 단단하기 마련입니다. 그렇다고 해서 회사가 변해야 한다는 말만 입에 달고 투덜대며 살기에 우리의 인생이 너무 아깝지 않을까요? 어떤 조직이라도 그 안에서 인정받고 다른 이보다 많은 가능성을 누리는 직원은 분명히 있기 때문입니다. 어쩌면 투덜거림이 입에 밴 사람들은 자신의 능력을 어필하고 일과 상사를 내편으로 만드는 법을 모른 채 살아가기 때문이 아닐까 생각해 봅니다.

직장인 유리지갑, 직장인 생존법, 직장인 자기계발 등등 언제부턴가 직장인은 멋없게 겨우 월급이나 바라며 하루하루를 보내는 존재인 것처럼 비춰지곤 합니다. 그리고 개중에 멋있게 살아가려 발버둥 치는 직원을 보면 '왜 저래'하면서 마치 쉬는 시간 앞두고 질문하려 손드는 학생 바라보듯 쳐다보기도 합니다. 마치 직장인은 소심하고 시키는 대로만 사는 게 맞다는 식으로 말이죠.

역대 직장인 배경의 작품 중 최고로 꼽히는 '미생'. 아이러니하게도 미생을 그린 윤태호 작가는 직장생활을 해본 적이 없습니다.

물론 3년간의 치열한 검토를 통해 탄생했다고 하지만 직장에 몸담고 있지는 않았죠. 오히려 그러했기 때문에 어제와 오늘이 같아 보이는 맛맛한 직장생활에 드라마적 요소를 입힐 수 있지 않았나 싶습니다. 미생은 단연코 재미있는 작품이었습니다. 생각해보면 직장인의 삶은 똑같은 일상의 반복인 줄 알았는데 여기저기 드라마적 요소가 많았던 것이지요. 똑같아 보이는 직장생활을 이리저리 뜯어보고 조명을 비추고 음향을 입히니 직장인 모두가 공감하는 훌륭한 작품으로 탄생한 것입니다. 이렇게 거기서 거기인 줄 알았던 직장생활을 갈고 닦아 하나의 작품으로 만들어내었다면, 그 안에서 하루하루를 성실하게 살아가는 여러분 역시 다른 가치를 지니고 있지 않을까요? 우리가 스스로를 몰라보고 있는 건 아닐까요?

　　직장인으로서 당신을 부동산 같은 자산이라고 본다면 적지 않은 고액자산입니다. 요즘 같은 저금리 시대에 많이 쳐서 이율 2퍼센트로 계산해보면 당신의 연 수익이 3천만 원일 때, 당신은 15억, 5천만 원이면 25억의 가치를 지닙니다. 매월 꼬박꼬박 수익을 만들어내는 당신은 충분히 가치 있는 존재입니다. 단순히 금전적 계산만으로 가치를 나타내는 것은 편협한 것 아니냐고 할 수 있지만, 당신이 가장 먼저 인식해야 할 것은 당신이 높은 가치를 지닌 존재라는 사실이기에 정량적으로 숫자의 힘을 빌려 표현해 봤습니다.

　　우리 직장인들은 이렇게 자존감을 가지고 자신을 칭찬하며 열정의 불씨를 키워나가야 합니다. 그리고 이 책을 읽으면서 본인이 생각보다 잘하고 있는 부분을 확인할 수 있을 겁니다. 매번 부족한 점만 크게 보였던 삶에서 벗어나 당신의 잠재능력을 펼칠 계기가 될수 있으리라 믿습니다.

이 책은 오늘을 살아가는 직장인들에게 전해주고픈 저의 경험과 생각, 그리고 나름의 지혜를 모은 것입니다. 머릿속 상상이 아니라 매일을 현실 속에 살아가야 하는 우리 직장인들에게 어떻게든 도움이 되고자 하는 마음에 실질적으로 도움이 되는 내용을 고민하며 정리해봤습니다. 현실을 살아가는 팁이 주가 되지만 그렇다고 미래를 꿈꾸는 법도 빠뜨리지 않았습니다. 일요일보다 금요일이 더 신나는 것처럼 우리는 현실보다 곧 다가올 미래를 기대하며 살아가니까요.

누구든 마음만 먹으면 주변 환경을 나에게 유리하게끔, 내편이 되게끔 바꿀 수 있습니다. 이 책을 통해 오늘을 살아가는 직장인 또는 예비 직장인들이 최소한의 기술로 자신을 보호하고, 속상함 없이 합리적으로 자신의 장점을 내보이는 방법을 쉽게 실천에 옮길 수 있을 겁니다. 그리고 바라건대 이 책을 읽으면서 내용 중 한두 가지라도 여러분 인생에 참고가 되고 그로 인해 어제보다 나은 하루를 살 수 있다면 저로서는 더 이상의 기쁨은 없을 것입니다.

끝으로, 나에게 생각할 수 있는 기회와 동기를 부여해준 내 아내와 사랑스러운 두 딸, 연우와 지유에게 고맙다는 말을 전하고 싶습니다.

2019년 어느 봄날, **송창용**

목차

1

열심히 일하면 언젠가는
인정받을 거라고?

무조건 열심히 일하면
인정받는 줄 알았다.
스펙이 화려해야
승승장구할 줄 알았다.
그러나 회사는
학교에서 가르친 상식을
여지없이 무너뜨렸다.
일을 많이 하는 사람이 아니라
일을 '잘'하는 사람이 되어야 했다.
변화에 쫓아가기 급급하기보다
변화를 앞서가는 사람이 되어야 했다.

1-1

사실 열심히 하기가
제일 쉽다

내 눈을 의심했지만, 분명히 시계는 새벽 4시를 가리키고 있었다.

…

2002년 월드컵의 여운이 채 가시지 않은 9월, 4학년 졸업반이었던 나는 부지런히 직장을 찾고 있었다. 사실 내가 나온 학교가 국립대이긴 했지만 학점이 특출난 것도 아니었고, 그때도 지금처럼 지방대의 취업은 호락호락한 시절이 아니었다. 당시만 해도 기업으로부터 입사지원 안내 공문이 오면 학과 사무실 게시판에 붙이곤 했다. 그래서 졸업을 앞둔 학생들은 하루도 빠지지 않고 열심히 학과 사무실 게시판을 주시했고 나 역시 그랬다. 내 전공은 법학이다. 그래서 학과 동기들은 사법고시에 올인하거나 공무원 시험과 같이 고

시를 치르는 부류와 기업체 입사지원을 하는 부류로 나뉘었고 나는 후자였다. 넉넉지 않은 집안 형편에 불확실한 고시에 뛰어들어 가족에 걱정을 끼치기 싫었고, 내가 하는 만큼 인정받을 수 있는 기업체에서 내 열정을 쏟아보고 싶었다.

다행히 서류는 S전자, L전자를 비롯해 여러 대기업을 통과했고 인·적성 시험을 거쳐 최종 면접까지 가게 되었다. 법학이라는 전공은 어찌 보면 상당히 특수한 학문이기에 취업면접을 미리 준비하지 않으면 '세상 돌아가는 건 모르고 법전만 파고들었냐'는 평가를 받기 쉽다. 그럼에도 불구하고, 나는 경영이나 경제, 창의적 문제해결 등 면접을 통과하기 위해 필요한 기본적인 지식을 전혀 준비하지 않았다. 내 마음속에는 '어디를 붙든 난 정말 열심히 할 것이다'라는 생각만 있었던 순수(?)한 열혈 청년이었다.

이렇게 뇌까지 순수했던 나는 M.S.가 마켓쉐어의 이니셜이라는 것도 몰랐고, 당연히 최종 면접에서 마지막 고비를 넘기지 못한 우울한 상태였다. 몇 번의 실패가 있은 뒤, 뒤늦게나마 면접에 필요한 기본 상식을 준비하기 시작했고 준비한 성과는 곧바로 나타났다. 재계 25위의 H그룹에 최종 합격을 하게 된 것이다.

처음 입사했을 때 나는 모든 게 신났다. 모든 게 새로웠고, 호기심이 가득했다. 당연히 직장 일에 적극적일 수밖에 없었다. 공채 신입 수백 명이 함께 하는 20일간 합숙교육에서도 적극적인 마인드로 조장이 되었고, 조장 중에서도 솔선수범하는 리더십을 보였다. 당시에는 몰랐다. 합숙기간 20여 일간 신입사원들의 활동사항은 체크되고 그 안에서도 우수한 직원을 먼저 선점하려는 부서간의 줄다리기가 있다는 사실을 말이다. 그렇게 나는 당시 회사에서 파워가 가장 셌던 '총무팀장'이 점찍어 본사 총무팀에 부동산 담당으로 근무하게 되었다. 그렇다. 부동산 담당.

　　위에서 언급했지만, 나는 지방 출신이다. 취직 전까지 서울에 와본 적도 없었다. 마포가 어디인지, 종로가 어디인지, 강남역이 어디인지 전혀 모르는 그야말로 눈뜬장님이었다. 그런 나에게 수조 원이 넘는 그룹의 부동산 자산관리 업무가 맡겨진 것이다. 부동산에 대해서 일자무식이었기에 나의 직장생활은 그야말로 좌충우돌 도전의 연속이었다. 지도를 놓고 지명부터 외워야 했고 부동산의 기본지식부터 하나하나 배워나갔다. 다행이라면 법학을 전공한 덕에 부동산 용어가 생소하지 않은 정도였다. 내가 입사한 2003년 당시는 주 5일 근무제가 아니라 주 6일 근무제, 즉 토요일도 출근이었다. 하지만 나는 주 7일 출근했다. 누가 시켜서가 아니라 진심으로 성공하고 싶었고 가진 것은 없다고 생각했기에 내가 원해서 출근했다. 신입사원 1년간 출근하지 않은 날이 손에 꼽을 정도였으니 꽤나 열심히 살았었다.

　　그동안 절친이었던 고향 친구들도 만나지 않았다. 미안한 얘기지만, 우선 성공하고 만나도 된다고 생각했다. 그래서 내 환경을 철저히 회사에 맞추고 어떻게 하면 일을 더 잘할 수 있을지, 어떻게 하면 더 인정받을 수 있을지를 온몸으로 배워나갔다. 정말 열심히 일했고 열심히 시키는 대로 움직였다. 이렇게 하면 성공할 거라는 확신도 있었다.

　　내가 맡았던 부동산 업무 중 하나가 보유세 관리, 즉 재산세 산정 및 납부였다. 사실, 재산세는 관청에서 고지서를 발급하면 납부하는 형태인데, 내가 속한 조직에서는 세금 산정 내역을 역산해서 관청에서 제대로 고지했는지를 확인해야 했다. (실제로 관청에서 틀리게 부과한 것을 찾아내기도 했다) 단 십 원도 틀리지 않아야 했다. 다른 업무는 그나마 마침표가 있었는데, 세금계산은 정말 힘들었다. 세금을 부과하는 지자체에서도 프로그램을 돌리는 것을 사회 초년병인 내가 거꾸로 산출내역을 맞춰보려니 정말 죽을 맛이었다. 그렇게 사무실에서 정신없이 일하다 고개를 들어 시계를 본 게 새벽 4시였다.

　　정말 나 자신이 바보 같았다. 그날 밤을 돌이켜보면 시간 가는 줄도 모르고 미친 듯이 일했지만 끝내 마무리를 짓지 못한 채 망연자실했던 나 자신이 한심했던 기억이다. 무작정 열심히만 할 게 아니라, 좀 더 영리하게 처리하는 방법을 몰랐다. 컴퓨터를 붙잡고 낑낑대다가 새벽 4시가 되어서야 내가 바보 같다는 생각이 들었던 것이다.

　　일반적으로 회사는 직원을 뽑을 때 특출난 인재보다 치명적 결점이 없는 사람을 선택하는 경향이 있다. 기존의 제도와 문화를 거부감 없이 받아들이고 맡은 바에 책임감을 가지고 '열심히' 일할 사람을 찾는다. 그런 기준으로 뽑힌 사람이 나이고 또 지금 이 책을 읽고 있는 당신이다. 그러니 열심히 하는 능력은 능력이 아니고 기본소양인 셈이다. (주위를 보라. 열심히 일하고 있는 사람이 얼마나 많은가?) 그리고 당신이 인정받고 싶을 때 제일 먼저 하는 말이 아직도 '열심히 해야지'인 것을 보면 당신이 살아온 배경도 '열심'일변도였음을 부인하기 어려울 것이다. 그렇다면 신입사원이 아니라 내년에 과장, 차장 진급을 기대하는 당신에게 회사가 기대하는 것은 무엇일까?

　　장대리는 전형적인 '엉덩이 워커'였다. 사무직인 그는 사무실에서 제일 늦게 퇴근하기로 유명했다. 어떨 땐 일부러 제일 늦게 나가려고 오기를 부리는 듯한 느낌을 받을 때도 있었다.

"장대리, 안 들어가?"

"아 네. 아직 일이 남아서요. 이게 잘 안 풀리네요."

"아니 그거 그렇게 붙잡고 있는다고 해결이 되나? 내일 업체 들어 오라해서 미팅을 한번 해봐."

"안 그래도 그러려고 하는데, 이게 내일까지 보고해야 하는 거라서… 아까 낮에 확인을 못했네요…."

　　고구마가 생각난다. 답답하다. 협력업체에 확인을 해야 할 사항이면 업무시간 중에 미리 확인을 하여야 하는데, 장대리는 손에 잡히는 대로 일을 하다 보니 일의 순서가 엉망이었다. 이런 식이다 보니 하루 이틀이 아니라 거의 일 년 내내 가장 늦게 퇴근했다. 사실 본인도 성과로는 어려우니 근태라도 좋아야하지 않겠나 하는 마음이었단다. 하지만 아쉽게도 작전 실패다. 그는 진급누락 2년을 겪고서야 막차로 과장에 진급했다.

사실, 열심히 하기가 가장 쉽다. 만약 이 글을 읽고 있는 당신이 사회 초년병이라면 성실하고 열심히 하는 모습으로 자신을 포지셔닝할 필요가 있다. '직장생활은 처음 3개월이 3년을 좌우하고, 그 3년이 30년을 좌우한다'는 말이 있다. 그만큼 내가 성실하고 열정적이라는 이미지를 입사 초기에 각인시키는 것이 좋다. 그리고 사실, 열심히 하는 수밖에 다른 옵션을 생각할 겨를도 없다. 어찌 되었든 회사와 상사는 열심히 하는 직원을 좋아한다.

하지만 당신이 대리 이상이라면 얘기가 달라진다. 근태로 승부하던 시절이 오히려 나았을 수도 있다. 이제는 성과와 능력으로 승부해야 하는 상황이다. 그리고 내가 가진 능력과 성과를 돋보이게 하기 위해서는 일과 상사를 내편으로 만드는 기술이 반드시 필요하다는 것을 깨달아야 한다. 그리하여 주변에서 겉돌지 말고 중심으로 들어와야 한다. 성과 없는 근면함은 당신을 서서히 종착역으로 데리고 간다는 것을 잊어서는 안 된다.

'열심'은 기본이다. 열심히 한다는 것으로 어필하는 시대는 지났다. 비록 시작은 남과 같았으나, 이제 성과를 내는 능력으로 상황을 내편으로 만들어야 한다.

고스펙 잉여인력이 넘쳐난다

최근 들어 청년 실업률이 점점 올라가고 있다. 급기야 2018년 들어서는 13년만에 최악의 실업률을 찍고 말았다. 그야말로 취업을 준비하는 '취준생'의 입장에서는 지옥과 같은 한 해다. 정부에서도 청년취업을 대선공약으로 내걸 만큼 심각한 문제이다. 청년 일자리 창출을 위해 재계와 사회전반에 강력한 드라이브를 걸며 안간힘을 쓰고 있지만, 결과로 보여지는 수치들은 참담하다. 오히려 취준생에게 '이러다 취업 못하는 거 아닌가'하는 조바심을 부추기는 형국이고 더더욱 스펙 쌓기에 올인하게 만드는 현실이다.

원래 '스펙'이라는 단어는 공산품의 사양을 뜻한다. 하지만 취준생에게 스펙은 학력, 경력, 경험, 자격증, 어학점수 등 자신을 고사양의 상품으로 포장할 수 있는 의미로 사용되고 있다. 스펙에 대한 준비 역시 시대적 흐름을 반영하여, 이전에는 학점, 어학점수 등 정량적 스펙 쌓기에 집중되었다면 블라인드 채용이 확산되어가면서 정량적 스펙보다 지원하는 직무에 대한 경험을 증명하는 방식으로 변해가고 있다.

한 취업포털사이트에서 매출순위 1,000대 기업의 신입사원의 스펙을 비교분석한 자료를 내놓았다. 2017년 말과 2018년을 비교해 볼 때, 1년 동안 토익점수는 평균 140여 점 떨어진데 비해, 직무 전문성을 드러내는 자격증 보유자 비율이 67.1%로 전년 대비 14.1%가 증가했고, 인턴십 경험자 비율 35.1%, 해외 어학연수 경험자 33.2%, 사회봉사활동 경험자 45.3%로 전년 대비 크게 증가한 것으로 집계되었다. 즉, 정량적 점수보다 다양한 경험을 기반으로 자신의 강점을 드러내는 형태가 증가하고 있는 것이다.

물론, 직원을 뽑을 때 스펙을 중시하는 경향은 무시할 수 없다. 단 30분, 1시간의 대화로 인재를 구분해야 하는 지금의 면접시스템에서 지원자의 성향과 지적 수준, 경험치를 한 번에 이해할 수 있는 자료는 스펙이 유일하다. 숫자에서 경험으로 변해갈 뿐, 스펙은 없어질 수 없다. 아무리 블라인드 채용을 한다고 해도 출신학교, 학점, 어학 점수를 무시하진 않는다. 그리고 블라인드 채용을 하는 회사는 소위 잘나가는 대기업, 공기업들이다. 그런 점에서 블라인드 채용이 사회 전반으로 퍼져나가서 스펙 쌓기 문화를 없앨 것이라는 생각은 하지 않는 게 좋다. 오히려 스펙 인플레이션으로 점점 눈높이가 높아질 뿐이다.

내가 학교를 졸업하고 취업전선에 뛰어들어 한창 면접을 보러 다닐 때 이야기다. 내가 지원한 기업들은 어느 정도 규모 이상의 대기업이다 보니, 서류전형을 통과하면 1차 실무진 면접, 2차 임원 면접, 3차 집단토론의 형태로 면접이 진행되는 방식이었다. 하루 만에 끝내는 회사도 있었지만, 1차와 2차는 날짜를 나누어 진행하는 경우도 있었다.

기억에 남는 것은 1차 면접을 통과하고 2차 면접에 들어가게 되면 1차 면접 때 곧잘 보이던 지방의 유수대학, 서울 중위권 대학 출신들이 눈에 띄게 줄어든다는 사실이다. 2차 면접과 3차 집단토론은 그야말로 서울 내 6개 대학 출신이 전부였다고 해도 과언이 아니다. 훗날, 최종 입사를 하고 장기 합숙교육을 하면서도 동기들의 출신학교를 알 수 있었는데 지방 사업장으로 배정받는 경우를 제외하면 90% 이상이 서울 내 6개 대학 출신이었다. 현실적으로 학벌은 무시할 수 있는 것이 아니었다.

그렇다면 이렇게 좋은 학벌과 스펙을 가진 사람은 반드시 좋은 성과를 낸다고 볼 수 있을까? 채용포털 사람인에서 기업 인사담당 380명을 대상으로 구직자 스펙에 대한 설문조사를 한 결과, 응답자의 60% 가까이가 스펙을 보지 않는 무스펙 전형에 대해 긍정적이라는 의견을 밝혔다. 기업에서는 해당 포지션에서 우수성을 드러낼 수 있는지를 알 수 있는 스펙이 필요한데, 실제로 취준생들이 제시하는 스펙들은 업무와 연관성이 떨어진다는 이유가 가장 컸다. 대신 면접에서의 태도와 일에 대한 열정을 우선으로 본다고 하니 스펙이라는 정량적 수치 못지않게 열정이나 태도와 같은 정성적 지표를 높이는 것이 중요하게 되었다. 이 말은 곧, 한 명의 '개인'으로서 역량과 함께, 동료들과 협업하고 긍정적 에너지를 발산하는 '구성원'으로서 역량을 발휘하는 사람을 찾는다고 이해하는 것이 맞겠다.

내가 두 번째로 다녔던 회사는 독일의 과학교육체계와 교수진을 도입하여 한국에 미디어 특화 대학교를 세우겠다는 목적으로 설립된 곳이었다. 당연히 대부분의 직원들이 영어와 독일어에 능통했고 출신학교와 학점, 어학점수 등 스펙도 훌륭했다. 약 50여 명의 많지 않은 인원이었지만 요즘 '스타트업'으로 표현되는 신생 벤처기업이었다. '대학설립'이라는 목적이 분명했기 때문에 수행하는 모든 업무는 대학설립에 포커스를 맞추고 있었고 우수한 인재를 영입하는 것이 가장 중요한 부분이었기에 채용을 할 때 심혈을 기울여 선발했다. 그 중에서 기억에 남는 두 명의 직원을 비교해 본다.

배과장은 서울 유수대학의 교육학 석사 출신이다. 이곳에 오기 전에 대기업 교육담당으로 10여 년을 근무했고, 이곳에서는 e러닝 프로그램 개발을 담당하게 되었다. 대기업에서 수많은 교육프로그램을 운영했고 콘텐츠를 기획한 경험은 배과장의 가장 큰 스펙이었다. 하지만 배과장의 이러한 경험이 오히려 프로젝트 진행에 걸림돌이 되기 시작한 것은 입사하고 오래지 않아서였다. 배과장이 가진 경험과 능력을 높게 산 것은 사실이나, 함께 일하는 동료들 역시 그에 못지않은 학벌과 경력을 가지고 있었음에도 배과장은 이상하리만치 융화되지 못했다.

사실 기업의 교육제도 운영과 e러닝 콘텐츠 개발은 비슷하게 보일지 몰라도 큰 차이가 있다. e러닝 콘텐츠는 교육적 영역만 강조할 것이 아니라 마케팅적 관점도 함께 버무려져서, 이용자의 '구매클릭'을 부르는 '수강하고 싶은 과정'으로서의 매력을 지녀야 한다. 반면 기업체의 교육제도는 의무적 수강이 대부분이므로 교육콘텐츠에 충실한 것이 특징이다. 자사 직원들을 대상으로 하기에 수강자를 구해올 필요가 없었고 그에 대한 고민을 해본 적이 없었던 것이다. 배과장은 새롭게 변화된 업무환경에 적응하기보다, 이전 업무의 성공경험에 얽매여 새로운 도전을 거부하고 있었다. 한정된 시간 안에 목표성과를 달성해야 하는 신생 벤처회사의 입장에서 구성원과 소통과 협력을 통한 성취는 절대적이다. 결국, 배과장은 1년을 채우지 못하고 다시 이직을 하게 된다.

다음은, 김대리의 경우를 보자. 김대리는 수도권 대학의 경영학과 출신에 담당업무는 회사의 자산관리였다. 회사가 보유하고 있는 비품, 차량, 부동산 등 모든 자산을 관리하고 최적화시켜 낭비요소를 없애는 것이 그의 임무였다. 학벌만 보자면 서울 내 유수대학에 비해 뒤지는 것이 사실이었지만 김대리는 자신의 일(특히 부동산 업무)에 자긍심을 가지고 적극적으로 달려들었다. 뭔가를 물어보면 대답도 참 우렁찼다. 그렇게 그는 회사 내에서 존재감을 키워나갔다.

사실, 작은 회사일수록 업무분장을 명확히 하기 어려운 경향이 있다. 회사를 위해선 꼭 필요한 일이지만, 자신이 하고 있는 일과는 결이 다른 다양한 업무들이 쏟아져 들어온다. 누군가는 해야 하지만 누구도 쉽게 나서길 꺼리는 일들이다. 시키면 하지만, 하면서도

'이걸 왜 내가 하고 있지?' 싶은 일들이다. 김대리는 그러한 gray zone 업무를 피하지 않았다. 특히, 상사의 오더를 표면적으로 해석하기보다 앞뒤 맥락을 이해하려 노력했고 그러다보니 문제를 해결하는 다른 솔루션을 제안하는 경우도 많아졌다. 김대리의 이러한 자세는 회사에서 우수사원으로 인정받는 바탕이 되었고, 이후 글로벌 메이저 부동산 컨설팅업체에 스카웃이 되어 현재 차장으로 근무 중에 있다.

나는 여러 스펙 중에 학벌에 대해서는 인정하는 편이다. 학벌은 오랜 기간 동안 쌓아올린 고등교육 평가제도에 따른 엄선된 결과물이며, 치열한 경쟁 속에서 자신과의 싸움에서 이겨낸 자들에 대한 성적표와도 같은 것이다. 요즘은 우리나라 내에서만이 아니라 해외 대학과의 통합과정까지 운영되기 때문에, 자신의 학벌은 글로벌 주요 국가에서도 통용되는 상황이 되었다. 이렇듯 학벌은 지원자의 열정과 노력의 결과치를 가늠할 수 있는 좋은 잣대라고 생각한다.

하지만, 스펙이나 학벌이 힘을 발휘하는 건 채용될 때까지 만이다. 우리 주위를 둘러보면 고스펙으로 들어와서 잉여인력으로 평가받는 사람을 쉽게 찾아볼 수 있다. 즉, 직장에 몸담고 있는 당신에게 중요한 것은 스펙이 좋고 안 좋고의 문제가 아니다. 오히려 스펙이 좋은 사람이 '밥값'을 하지 못하는 경우를 더 많이 봐왔다. 회사에 들어오고 나면 스펙은 더 이상 의미가 없고 다른 기준이 작동하기 시작한다는 것을 잊어서는 안 된다. 잉여인력은 본인 스스로 잉여인력인 줄 모르는 경우가 많다. 당신 스스로도 출신학교, 과거의 성공경험이라는 '당신의 스펙'에 취해있지 않은지 돌아봄이 필요하다.

Tip 스펙은 사회생활의 출발선에 서기 위한 요건일 뿐, 오히려 직무에 맞지 않은 고스펙은 밥값 못한다는 평가를 부를 수 있다. 당신이 쌓아온 스펙이 절대 고성과를 보장하지 않는다는 점을 명심하시라.

1-3

학교성적과 회사성적이
다른 이유

　나의 첫 직장은 재계 25위 제조분야 대기업, 두 번째 직장은
대학을 설립하는 학교법인이었다. 그리고 세 번째 직장이자 현재 있
는 곳은 재계를 대표하는 자동차그룹의 광고계열사이다. 이렇게 훌
륭한 회사만을 다닐 수 있었고, 다양한 기업문화를 경험할 수 있었
던 것은 행운이라고 생각한다. 세 회사 각각의 규모, 업종, 기업문화
가 완전히 달랐지만, 한 가지는 같았다. 그건 바로 매년 과분하게 훌
륭한(?) 친구들이 입사한다는 것이었다.

　특히 처음으로 직장생활을 시작하는 이른바 '공채' 신입사원
들은 SKY, 해외 유수 대학, 그리고 석사 출신 등등 그 출신 배경 뿐
만 아니라 학점이나 어학점수가 매우 훌륭한 경우가 많았다. 학점이
4.0 이상이거나 토익이 900점대인 경우는 그다지 특별하지도 않다.

그러니 기존 선배들이 이런 입사자들에게 기대를 거는 것은 어쩌면 당연한 현상이다. 하지만 회사에서 본격적인 업무가 주어지고 평가가 시작되면 애초에 가졌던 기대에 조금씩 변화가 생기기 시작한다. 누군가는 열정적인 모습으로 업의 특성을 파악해서 최적의 솔루션을 가져오는 반면, 입사 전에 가졌던 기대와 다른 현실에서 오는 괴리감으로 슬럼프에 빠지는 직원도 상당수다. 쉽게 말해, '이 회사 잘못 들어온 거 아냐?' 하는 생각을 하게 된다.

2016년 한국 경총이 발표한 신입사원 채용 실태조사에 따르면 대졸 신입사원의 27.7%가 입사 1년 안에 퇴사하고 이는 2014년보다 2.5%가 증가한 수치다. 이 조사대로라면 생각보다 많은 사람들이 사회생활을 헛발질로 시작하고 있는 것이다. 취업준비생들은 출신학교, 석사학위, 외국어 점수, 업무관련 자격증, 해외인턴 경험 등등 자신을 비교적 뛰어난 사람으로 보이게 만들기 위해 학창시절부터 최선을 다하고 있다. 기를 쓰고 공부하고, 기를 쓰고 시험치고, 기를 쓰고 면접 봐서 겨우 합격했는데, 1년 만에 30% 가까이 퇴사한다는 것은 한 기업을 떠나 사회적으로 엄.청.난. 손실이다. 무엇이 이런 현상을 만드는 것일까? 왜 회사는 입사하기 전까지만 좋아 보이고, 입사 후엔 빨리 때려 치고 싶은 곳이 되었을까? 회사의 입장에서도 속상하지만, 개인의 입장에서도 이런 현상은 결코 바람직하지 않다.

나의 직장 생활 첫 번째 후임은 K대 행정학과 출신의 인재였다. 학점과 영어실력 모두 훌륭했고 학교에서도 시사 동아리 활동을 하는 등 국내외 정치, 경제, 사회, 문화 전반에 대한 관심도 많았다. 우수한 인재를 데려오기 위한 부서 간 치열한 경쟁 끝에 얻어낸 전리품답게 모든 면에서 훌륭한 친구였다. 나 역시 1년 만에 아래 직원이 생기는 만큼 반가운 마음이 컸다. 하지만 그런 생각도 오래가지 못했다. 그 후임에게는 예상치 못하게 많은 야근이 문제가 되었다.

당시만 해도 야근을 잘하는 직원이 인정을 받던 시기였다. 그래서 팀장이 밤늦게까지 야근을 하면 팀원들 역시 퇴근이 늦어졌고, 이게 거의 매일 반복되다 보니 본인이 생각했던 직장의 모습이 아니라는 것을 깨달은 듯 했다. 고민 끝에 그는 미국으로 유학을 간다는 이유로 사직서를 냈다. 웃기는 얘기지만 그때는 체력이 좋아서 야근도 문제없다는 말을 자기소개서의 잘 보이는 곳에 쓰곤 했다. 야근은 성실성과 끈기, 인내심을 측정하는 기준으로 통용되었고, 그것이 곧 호의적 평가의 판단기준 중 하나였던 것이다. 학교에서는 사회생활 잘하려면 야근을 잘해야 한다는 매몰찬 현실을 가르치지 않았으니 적잖이 당황했던 모양이다.

두 번째 회사 시절에는 경력직으로 들어온 고대리가 있었다. 일반고 출신으로 유수의 대학에 진학했고, 상식도 풍부한 똑똑한 친구였다. 업무에 있어서도 프로세스와 일의 핵심에 대한 이해가 빨랐고 자기 나름의 해석을 내릴 줄 아는 친구였다. 한눈에 봐도 학교에서 꽤나 좋은 성적 받았겠구나 싶은 그런 친구였다. 하지만 이 친구도 입사 1년을 채우지 못하고 퇴사하게 된다. 이 친구의 문제는 커뮤니케이션 능력 부족이었다. 보통 자신이 남보다 뛰어나다고 생각하게 되면 협업에 애로를 겪게 된다. 내가 생각한 게 맞다고 단정 짓고 들어가기 때문에 협업 상대방의 입장에서는 협업이 아니라 통보로 들리게 되어 상당히 불편한 감정이 생기게 된다.

"과장님. 고대리 나가서 서운하시겠어요. 근데 과장님 보고 참았던 적도 있어요. 그 친구는 말을 너무 막 하더라구요."

조직생활에서 혼자서 하는 일은 전체 업무의 20%도 되지 않는다. 내가 보고서를 작성하기 위해서는 자료수급이 원활해야 하고 분석과 기획을 하는데도 유관부서의 협조가 필요하다. 최종보고를 통해 결재를 받게 되면 실행에 있어서도 팀원 및 다른 부서 직원들과 실시간으로 협업을 해야 한다. 어느 것 하나 동료들과 협업하지 않는 절차가 없다. 그런 점에서 고대리는 아주 큰 약점을 가지고 있었던 것이다. 그러한 부서간의 잡음은 팀 전체에도 부정적인 영향을 미치니 윗사람으로서 골치가 아팠던 것도 사실이다.

학교성적은 점수로 매겨진다. 모든 문제에는 정답이 있고, 그것을 아느냐 모르느냐의 싸움이다. 그리고 틀리면 다시 공부해서 다음에 틀리지 않으면 된다. 그렇게 점수를 올리면 이전 시험에서 문제를 틀렸던 '경력'은 싹 사라진다. 점수 매기기도 참 좋다. 하지만 회사성적은 전혀 다른 게임이다. 회사에서 과거의 업무처리 미흡이나 태도 불량과 같은 마이너스 점수는 사라지지 않고 누적되어 '평균

값'으로 평가가 매겨진다. 그래서 일정 점수 이상을 받기 어렵겠다고 판단하는 순간 이직을 결심하거나 공무원 시험을 알아보는 경우가 비일비재한 것이다. 컴퓨터 황제 빌 게이츠는 이렇게 말했다.

"학교는 승자나 패자를 뚜렷이 가리지 않을지도 모른다. 그러나 결코 인생은 그렇지 않다. 많은 학교에서는 낙제제도를 폐지하여 정답을 작성할 때까지 기회를 주지만, 현실에서는 전혀 다르다는 것을 명심해야 한다."

비교하자면 이론 지식을 바탕으로 좋은 점수를 받는 게 목적인 '학교공부'와 실제 사람들과 부대끼며 이론이 전부가 아닌 세상의 이치를 깨닫고 사람을 이해하고 성과를 이끌어내며, 좋은 조직으로 만들어내는 '회사성적'은 정말 판이하게 다르다. 좋은 학교에서 좋은 성적으로 졸업을 해도 현장에서 인정받지 못하는 경우가 비일비재한 이유다.

회사라는 곳은 밖에서 볼 때와 안에서 볼 때 전혀 다르다는 것도 알아야 한다. 입사지원을 할 때는 '회사'를 보지만, 입사를 하게 되면 회사가 아니라 '팀'이 내 활동무대란 것을 알아야한다. 그러니 당신이 인재로 인정받고 실력을 발휘하기 위해서는 어떤 팀에서 어떤 일을 하게 될 것인지, 그것이 당신과 맞는지를 숙고해봐야 한다. 절박한 마음에 '지금보다 큰 기업이면 오케이'라는 생각이 있을지 모르지만, 내가 어떤 일을 하게 될지, 나와 같이 일하는 사람이 어떤 사람인지에 대한 나름의 판단 없이 무턱대고 입사부터 하고보 자고 하게 된다면 경력에 돌이킬 수 없는 마이너스 점수를 얻게 될 지도 모른다. 그런 맥락에서 나는 직원 면접을 볼 때 항상 하는 말이 있다.

"우리가 ○○씨를 놓고 고민을 하는 것처럼, ○○씨도 저희 팀, 그리고 같이 일하게 될 저를 보고 나름의 판단을 해주면 좋겠 어요."

1년 만에 퇴사하는 30%의 신입사원처럼 소중한 시간과 기회 를 날리고 싶지 않다면 본인이 지원하는 회사에 대한 심도 깊은 고 민이 필요하다. 근래에 들어 직장인 익명게시판 어플리케이션, 전 현직 직원의 회사 점수 평가사이트 등을 통해 본인이 지원한 회사 의 평판을 조회해 볼 수 있다. 그리고 무엇보다도 채용공고에서 Job Description을 세밀하게 확인하여 내가 하고 싶은 업무가 맞는지, 내 가 함께 일할 사람들이 어떤 성향을 가졌는지에 대해 기본적인 파악 은 하고 입사를 해야 한다. 만약 조건에 합격점을 내리고 입사가 확 정되었다면, 그때부터는 좋은 회사 성적을 받기 위해 노력할 차례다.

마지막으로, 회사성적의 판단기준은 무엇일까? 첫째, 우선 '소통능력'이 있어야 하고, 둘째, 일에 대해 '전문성'을 가져야 하며, 셋째, 실패하더라도 좌절하지 않고 다시 일어서는 '회복성'이 있어야 한다.

사실 말이 쉽지, 이 3가지에 대해 인정받는 사람은 100점짜리 인재이며, 회사에서 1% 핵심인재로 분류되어 특별 관리를 받게 된다. 이런 인재는 회사에 있어 보석과 같은 존재이므로 쉽게 말해, 범죄를 저지르지 않는 한 지속 성장할 수 있게 케어받는다. 그리고 다양한 기회를 제공받는다. 해외 주재원 발령, 핵심부서 순환보직, 대학원 과정 지원 등 알게 모르게 혜택이 이어진다. 직장인들이 외국어, 자격증 등 끊임없이 자기계발을 하는 이유가 살아남기 위해서라고 하지만, 회사에서 핵심인재로 인정받기 위해서도 있다.

이제 당신이 학교 다닐 때 몇 점을 받았고 몇 등을 했는지는 중요하지 않다. 모두 다 한때 지나간 이야기일 뿐이다. 회사라는 공동체 속에서 본인의 점수는 다른 방식으로 매겨지고 있음을 담담히 받아들이고 자신의 능력을 키워나가야 한다. 학창시절 당신보다 성적이 낮았던 친구가 더 좋은 직장에서 핵심인재가 되어 더 높은 연봉을 받는다는 '속 쓰린' 소식을 한 번씩은 들어봤을 테니 말이다.

회사성적은 학교성적과 다르다. 회사성적은 소통능력이 있어야 하고 일에 전문성을 가져야 하며 실패하더라도 좌절하지 않고 다시 일어서는 태도를 가질 때 따라온다.

"어째 김차장은
박대리만도 못하냐?"

세상이 실력위주로 돌아가다 보니 직장 내에서도 상하관계가 애매해지는 경우가 발생한다. 당신보다 실력 좋은 후임이 들어와서 당신과 경쟁을 하게 되는 경우가 대표적인 상황이다. 물론 후임은 당신과 경쟁할 마음이 없지만, 팀장이나 본부장 등 '성과'를 내야하는 직책자가 보는 입장에서는 다를 수 있다.

박대리는 본인의 업무인 생산기획을 6년째 수행하며 실력을 차곡차곡 쌓아가고 있다. 평소 자신의 업무에 프라이드를 느끼고 현장에서 확인하기를 즐기며, 가방에는 꼭 업무 관련이나 자기계발 책이 한권씩 들어있는 '바람직한' 직장인이다. 반면 김차장은 업무처리속도와 결과물의 질이 만족스럽지 못하다는 평가를 받는 고민 많은 직장인이다. 비록 박대리와 같은 팀에서 선임의 역할을 맡고 있지만, 공식적인 직책이 있지는 않다. 김차장과 박대리는 8살 차이지만 아날로그 시대에 익숙한 김차장과 달리 박대리는 디지털 디바이스 이용에 능하고 스케줄 관리 역시 다이어리가 아닌 어플리케이션을 이용하고 있다.

그리고 그 둘을 데리고 있는 담당 임원 양상무. 양상무는 평소에도 표현이 과격하기로 유명했다. 그의 과격한 표현의 희생자가 되고 싶지 않다는 생각은 모든 직원들의 바람일 정도로 평소에도 질타는 가혹했다. 한번 질책이 시작되면 2시간 동안 쉼없이 이어졌고, 아랫사람의 마음을 메스로 해부하듯이 아주 디테일하게 꾸짖었다.

양상무 밑에서 일하는 기획실 직원들은 그의 눈치를 보는 게 일상이었고, 어떤 일도 쉽게 결론을 내지 못했다. 게다가 양상무는 본인의 의중을 내비치지 않았다. 업무방향에 대해 어떠한 힌트도 주지 않았다. 그러다 보니 '바른 일처리'보다 '양상무가 원하는' 것이 무엇인지만 고민하게 되었고 그것을 맞추는 게 목표였다.

당연히 업무는 늦어질 수밖에 없었고, 많은 직원들이 고통스러워했다. 양상무는 본인의 생각을 맞추지 못한 아래 직원들을 인격적으로 무시하기 일쑤였고, 직급고하를 막론하고 일에 서투른 미흡한 존재로 평가하기 시작했다.

이런 임원들의 공통점이 있다면, 자신이 아끼는 '내 사람'이 반드시 회사에 있다는 것이다. 양상무 역시 자신을 충직히 따르는 박대리가 있었고, 모든 일의 마지막은 박대리를 통해 확인하는 편애가 지속되었다. 하루는 김차장의 보고서를 놓고 질책하는 자리에서 박대리를 부르게 된다.

"박대리, 들어와 봐. 이 보고서 어떻게 생각해?"

"아… 네… 그게…"

김차장의 눈치를 보며 머뭇거린다.

"김차장 신경 쓰지 말고 이 보고서 어떻게 생각하는지 솔직하게 얘기해봐."

"… 제 생각엔, 현상 분석 단계에서 OO라인 제조 프로세스가 빠진 것 같습니다."

"그렇지? 그렇게 생각하지?"

"네…"

"김차장. 너는 어떻게 박대리만도 못하냐? 네가 윗사람 아냐?"

"…네 죄송합니다."

"그리고 이 보고서 만드는데 일주일이나 걸려? 네 월급을 시급으로 치면 이게 도대체 얼마짜리 보고서인 거야?!!"

가상의 상황이라고 생각하겠지만, 실제 스토리다. 조직마다 차이는 있겠지만, 아직도 이런 식의 '충격요법'을 쓰는 회사가 적지 않다. 그리고 위에 김차장이 어떤 선택을 했을지는 쉽게 예상할 수 있을 것이다. 자신의 아랫사람에게 비교를 당하는 것은 무능함을 공식적으로 천명당하는 것이다. 김차장은 처자식이 눈에 밟히는지 무척이나 괴로워하다가 결국 사표를 쓰게 된다. 그리고 사필귀정으로 양상무도 퇴사했기를 바라겠지만 오히려 경영진의 신뢰를 얻고 그 이후로 진급까지 했다는 후문이다. 현실은 드라마와 다르다는 것을 알아야 한다.

이런 상황이 왜 벌어졌을까? 물론 과격한 표현을 일삼는 양상무는 비난받아 마땅하다. 양상무와 같은 직장 내 갑질은 인격살인이라 불릴 만큼 사회적으로 이슈가 되고 있다. 국가인권위원회가 2017년 실시한 설문조사에서 직장 내 괴롭힘 피해를 당한 적 있다고 대답한 직장인이 73.3%에 달한다고 밝혔다. 그리고 그 괴롭힘의 행위자가 누구냐는 질문에 77.5%가 상급자라고 답변할 만큼 상급자로 인한 직장 내 괴롭힘은 모두가 알고 있는, 하지만 쉽게 꺼내놓지 못하는 괴로운 현실이다.

하지만 우리는 생각을 여기서 멈추어서는 안 된다. 물론 양상무의 비상식적인 언행은 비난받아 마땅하나, 김차장의 업무미숙과 박대리의 공부하는 자세, 그래서 아랫사람보다 업무역량이 떨어지는 상황에 대해서는 깊이 생각해 볼 필요가 있다.

1997년 설립되어 비약적인 발전을 이루고 있는 넷플릭스에 대해 얘기해보자.

회원들이 콘텐츠를 이용하는데 하루 평균 1억2천5백만 시간 이상 들이고 회사의 주가는 지난 5년간 10배 상승할 만큼 거대한 성공을 거둔 넷플릭스에 대해 어떠한 성공 방정식이 있는지 세상의 관심이 크다. 그리고 이러한 성공을 이끌어낸 바탕에 넷플릭스의 조직문화가 있음을 공통적으로 들고 있다.

　넷플릭스의 조직문화는 'Culture Deck'이라고 하는 7가지 기본 강령을 철저히 따르는 것으로 유명하다. 페이스북 COO인 셰릴 샌드버그(Sheryl Sandberg)는 이를 두고 '실리콘밸리에서 나온 가장 중요한 문서'라고 칭할 만큼 넷플릭스의 조직문화는 'Culture Deck'으로 설명이 가능하다.

NETFLIX CULTURE DECK

Values are what we value

We particularly value these 9 behaviors and skills: judgment, communication, impact, curiosity, innovation, courage, passion, honesty, selflessness.

High performance

Great workplace is stunning colleagues. We're like a pro-sports team, not a family. We do not measure people by how many hours they work or how much they are in the office.

Freedom & responsibility

Our model is to increase employee freedom as we grow, rather than limit it, to continue to attract and nourish innovative people, so we have better chance of sustained success. Flexibility is more important than efficiency in the long term.

Context, not control

The best managers figure out how to get great outcomes by setting the appropriate context, rather than by trying to control their people.

Highly aligned, loosely coupled

Teamwork effectiveness depends on high performance people and good context. The goal is to be big and fast and flexible.

Pay top of market

One outstanding employee gets more done and costs less than two adequate employees. We endeavor to only have outstanding employees.

Promotions & development

We develop people by giving them the opportunity to develop themselves, by surrounding them with stunning colleagues and giving them big challenges to work on. Career "planning" not for us.

　흔히 넷플릭스의 조직문화라 하면 업계 최고의 연봉을 지급하고 자율휴가, 자율지출, 자율출장 등 유연한 정책들을 생각할 것이다. 하지만 넷플릭스 성장의 가장 바탕이 된 것은 위의 7가지 조직문화 기본 강령을 철저히 준수하고, 그럴 수 있을만한 훌륭한 사람으로 일터를 채우는 것에서 시작한다. 즉, 지금 일하는 곳을 멋진 동료들이 가득한 환경으로 만들고 유지하는 것이 성과창출과 동기부여에 가장 효과적이라는 뜻이다. 열심히 일하는 것은 관련이 없다. 데드라인 안에서 얼마나 일을 잘했는지를 중요하게 생각한다.

넷플릭스를 이렇게 좋은 동료들로만 채우는 방법으로 '지키기 테스트'라는 것이 있다. 예를 들어, 동료 중 누군가가 경쟁사로 떠나겠다고 할 때, 그 사람을 잡기 위해 노력할 것인지를 묻는 것이다. 잡기 위해 노력할 만하지 않은 직원에게는 잘 설득하여 퇴직을 유도한다. (물론 상당한 위로금과 넷플릭스에서 일한 경력으로 서운함을 최소화한다고 한다) 그리고 그 자리에 새로운 스타급 플레이어를 영입하는 방식이다. 훌륭한 사람을 모으는 것이 모든 성과창출의 기본이라는 것이다.

방법과 과정에 있어서(그리고 정서에 있어서) 우리와 차이는 있지만, 우리나라 역시 해외 유수기업처럼 우수 인재 유치를 최우선으로 생각하고 있다. 그리고 그들이 우수한 성과를 낼 수 있도록 '걸림돌'이 되는 모든 요소들을 제거해 나가게 될 것이다. 그리하여 '박대리만도 못한 김차장'이라는 평가가 이상하게 느껴지지 않을 때가 머지않아 올 것이다. 그동안 자신이 회사의 '주춧돌'인줄 알았는데 '걸림돌'이라고 한다면 얼마나 참담하겠는가. 우리 스스로도 장유유서라는 유교적 프레임에 갇혀 시대착오적인 생각을 하고 있지는 않은지 생각해 볼 일이다.

 이미 세상은 실력 없는 사람이 발붙일 곳이 없어지고 있다. 변해가는 세상을 탓하기보다, 곧 다가올 내 차례를 대비할 수 있는 사람이 되어야 한다.

1-5

익숙한 일만 하면 낙오에도 익숙해진다

업무를 구분하는 방식은 사람마다 다르겠지만, 나는 업무의 종류를 크게 두 가지로 나눈다. 하나는 시간이 지날수록 손에 익어서 익숙해지는 일이고, 다른 하나는 할 때마다 새로운 일이 그것이다. 전자는 쉽게 말하면 두뇌의 창의성을 요하지 않는 단순 반복 업무일 테고, 후자는 그와 다르게 예전과 달라진 지금을 반영해서 새로운 솔루션을 내야 하는, 머리 좀 굴려야 하는 업무일 것이다. 우리가 흔히 얘기하는 지식노동자는 당연히 후자이다.

당신이 당신의 가치를 높이기 위해서는 익숙한 일에 멈출 것이 아니라, 당신의 업무에 새로움을 가미해야 한다. '내가 하는 일은 머리 쓸 일이 없어. 그냥 단순 반복만 하면 되는데 뭐.'라고 생각한다면 당신의 연봉 수준은 대략 알만하다. 더 나아가 그 익숙한 일은 절대 당신의 미래를 보장할 수 없다는 것도 알아야 한다. 익숙한 일에만 멈출 생각이면 언제든지 낙오될 각오도 해야 한다.

당신의 가치를 결정하는 것은 얼마나 많은 일을 했느냐가 아니라 얼마나 난이도 높은 일을 했는가, 얼마나 많은 가치를 창출했는가로 평가된다. 이것이야 말로 당신이 전문성이 있는지를 뒷받침해 줄 것이다.

그렇다면 지금 당신이 하고 있는 일은 당신의 전문성을 키워 줄 만한 일인가? 매일 똑같은 업무 패턴을 반복하고 있지는 않은가? 사내 시스템을 잘 다루고 지금 회사에 오래 다니다 보니 손발이 편해져서 그 익숙함에 안주하고 있지는 않은가?

당신 스스로 판단해야 한다. 전문성을 키울 수 있는 일이 아니라면 다른 일을 찾아야 한다. 회사 내 다른 일을 찾든지, 다른 곳으로 이직을 하든지, 당신 스스로 당신에게 '전문가' 칭호를 붙여줄 수 있는 일을 찾아내야 한다. 하지만, 이직은 신중해야 한다. 지금 하고 있는 일이 단순 반복 업무가 많긴 하지만 성장 가능성이 보인다면 굳이 회사를 옮길 필요는 없다. 여기서 단순 업무만 하던 사람에게 다른 회사에서 퀄리티 높은 업무를 맡길 일은 만무하다.

당신이 전문가로 인정받고 있는지 여부는 당신이 걸치고 있는 사원증을 벗었을 때 드러난다. 그동안은 회사의 브랜드를 입고 있었기에 당신의 진정한 실력을 알 수 없었다. 주변 사람들의 선망 어린 눈빛, 가족의 응원, 협력업체의 예의바른 태도는 당신이 훌륭해서라기보다 당신이 걸치고 있는 사원증, 지갑 속 명함이 빛나서일 때가 많다. 막연히 지금 현재 익숙한 환경에 심취해서 도끼자루 썩는지 모르고 멈춰 있을 때, 당신의 미래는 미세먼지 가득한 도심처럼 탁해진다.

나는 첫 회사에서 3년 7개월간 근무했고 대리 2년차에 사표를 냈다. 직제상 사원 4년을 채워야 대리로 진급함에도, 나는 사원 2년만 채우고 2년 특진으로 대리를 달았다. 사원에서 할 수 있는 일의 수준을 뛰어넘었던 것이다. 사원에서 할 수 있는 일은 빠르고 정확한 업무처리, 어떤 일을 맡겨도 받아들이고 해내는 적극성이 전부다. 스스로 기획하고, 스스로 제안하는 형태의 업무는 주어지지 않는다. 나는 사원의 업무를 누구보다도 잘 해냈다. 어느 회사든 2년 특진은 흔한 케이스가 아니다.

첫 회사에 있는 동안 나는 동료 누구보다도 크게 인정받았고 미래를 약속받았다. 실제로 퇴사 의견을 낸 후 퇴사하기까지 약 2개월간 많은 만류가 있었지만 내가 퇴사를 결심한 이유는 조금 달랐기에 정중히 사양하고 예정대로 퇴사했다. 그리고 내 목에서 사원증이 벗겨졌다.

사실 나는 이직할 곳을 정해두고 그만둔 게 아니었다. 내심 '내가 여기서 이 정도로 인정받는 놈인데 내가 원할 때 원하는 곳에 취직할 수 있겠지'라는 생각과 함께, 이 회사 안에서만이 아니라 '시장'에 나가서 내 가치를 매겨보고 싶었다. 마치 프로야구 선수가 FA가 되면 원 소속구단 외에 시장의 평가를 받아보고 싶다는 것처럼 말이다.

　프로야구 FA와 직장인의 공통점이 있다면, 전문성이 없으면 낙동강 오리알이 되기 쉽다는 것이다. 타격이 좋다든지, 수비가 좋다든지, 발이 빠르다든지, 다른 경쟁자보다 우위에 서는 무언가가 없다면 상황이 애매해진다는 것이다. 3년 7개월이라는 경력 하나만 믿고 시장에 나온 나는, 시키는 대로만 열심히 일했던 터라 전문성을 어필할만한 무언가가 없었다. 결국 곧바로 취직할 것이라는 생각과 다르게 3개월을 쉬게 되면서 대출이자의 압박과 함께 차가운 시장의 평가를 제대로 경험하게 되었다. 출신 회사도 중요하지만 내가 어떤 일을 전문성 있게 할 수 있는지가 훨씬 더 중요하다는 사실을 알게 된 것이다.

　시장에 나가서 내 가치를 제대로 평가 받으려면, 지금 회사에 있을 때 전문가로 올라설 수 있는 길을 찾아봐야 한다. 다행히 시간은 누구에게나 공평하다. 단지 의지가 있고 없고의 차이일 뿐이다. 엘리자베스 1세는 'All my possessions for a moment of time.' 즉 한순간만 더 살 수 있다면 내가 가진 모든 것을 내놓겠다고 했다. '우물쭈물 하다가 내 이럴 줄 알았다'는 소리는 명언으로만 듣는 게 좋다. 진정 마지막 순간에 이런 생각이 든다면 그보다 비참할 수는 없을 것이다. 무언가 얻기를 원한다면, 지금 당장 움직이는 게 시간을 가장 아끼는 방법이다.

　자, 이제 당신이 하고 있는 일의 성장 가능성을 알아보자. 그러기 위해서는 우선 3년 후, 5년 후 자신의 모습을 그려봐야 한다. 가능한 한 구체적으로 그려봐야 한다.

"과장(차장, 부장) 달고서 직장 생활하고 있겠지 뭐"

질문에 대한 흔한 반응이다. 이렇게 그리는 것은 아무런 의미가 없다. 내가 말하는 '구체적'이라는 것은 직급을 얘기하는 것이 아니라 당신이 하게 될 '업무'를 얘기하는 것이다.

"3년 후 내가 어떤 일을 할지를 지금 어떻게 알아?"

참고할 수 있는 가장 좋은 방법은 당신 상사의 지금 업무이다. 상사의 지금 모습은 3년, 5년, 10년 후의 당신이 갖게 될 여러 모습 중 하나다. 상사가 지금 하고 있는 '일'은 당신이 미래에 할 업무가 될 공산이 크다. 이래서 상사의 역할, 리더의 역할이 중요한 것이다. 과장, 차장, 부장을 달고서도 하고 있는 업무의 내용이 사원 대리가 하는 일과 별반 차이가 없다면, 안타깝지만 당신의 회사는 사람의 힘보다 공장 기계가 먹여 살리고 있다고 볼 수 있다.

나는 여러 종류의 기업에 몸담고 있으면서 회사의 업종이 조직문화에 어떠한 영향을 미치는지 몸소 겪어왔다. 수천억을 들여 자동화된 공장에서 24시간 생산되는 제품을 판매하는 장치산업 업종은 사람의 창의성으로 개선할 수 있는 여지가 비교적 크지 않다. 따라서 특정 직원에게 회사의 명운을 맡기지 않아도 되고 구성원이 언제든 교체되어도 회사에는 큰 영향이 없다.

　반면에, 아이디어와 콘텐츠로 매출을 일으키는 지식 산업, IT 산업, 게임 산업의 경우 사람의 중요성은 무엇보다도 우선된다. 이런 회사는 구성원 하나하나의 역량이 매우 중요하다. 그러므로 직원 채용과 배치, 교육, 평가 등 직원의 동기부여에 영향을 미치는 모든 요소에 관심을 기울이게 된다.

　대표적으로 현재 내가 몸담고 있는 회사를 들 수 있다. 복리후생과 기업문화, 그리고 공간에 이르기까지 내가 담당하고 있는 유형의 환경과 무형의(제도적) 환경이 구성원에게 어떤 메시지를 전달할까를 끊임없이 고민해야 한다. 특히 트렌드를 이끌고 수많은 아이디어를 생산해내는 직원들을 대상으로 일해야 한다. 여간 어려운 게 아니다. 축약하자면 우리에게 맞는 창의적 조직문화를 고민해야 한다는 말이다.

　이런 창의적 조직문화 형성이라는 과제는 나에게 좋은 도전이 되었다. 구성원의 행동패턴을 분석하고, 관련 전문지식을 쌓아가면서 현상에 대입해 볼 수 있었다. 인간의 본성과 시대적 트렌드를 융합한 새로운 솔루션을 찾아내는데 내 모든 역량을 쏟아부어왔다. 더군다나 4차 산업시대에 적합한 조직문화와 조직 내 소통의 중요성이 크게 대두되어 내가 가진 경험과 지식을 공유 받고자 요청하는 곳이 많아졌다. 내가 하는 일에서 새로운 시장이 형성되고 있는 것이다. 내가 만약 익숙한 일에만 멈췄더라면 내 일 안에 숨어있던 새로운 시장을 찾을 일이 없었을 것이다. 내가 그러했듯이 당신이 지금 하고 있는 일도 얼마든지 새롭게 해석될 수 있다. 당신이 경계할 것은 지금의 익숙함, 편함에 취하면 안 된다는 것, 그 하나뿐이다.

명심하라. 잔잔한 바다는 노련한 뱃사공을 만들지 않는다. 현재의 안락을 뿌리치는 자세가 필요하다. 그리고 이런 마인드는 당신에게 '전문가'라는 칭호를 달아 줄 것이며 그 어떤 것보다 값진 재산이 되리라 믿어 의심치 않는다.

Tip 지금 회사에 있는 동안 전문가가 될 수 있는 길을 찾아보자. 당신이 눈치채지 못한 많은 길들이 주변에 있다. 그러기 위해 안락함은 당신의 적이라는 것을 명심하라.

1-6

변화를 원한다면
똑같은 패턴을 부셔라

'직장인 사춘기 증후군'이라는 말이 있다. 직장인들이 앞날을 걱정해 슬럼프에 빠지게 되는 심리적 불안상태를 뜻하는 말이다. 회사원의 94.4%가 앓은 적이 있다고 답할 만큼 흔한 이 '병'은 직장생활의 방향이 정해지는 시점인 입사 4년차 이내에 찾아오게 된다고 한다. 하지만 '시간이 지나면 나아지겠지' 하고 버려두는 경우가 대부분인데, 시간이 지나서 마흔이 넘어도 '직장인 사십춘기'라고 하여 새로운 바이러스로 변종되어 다가온다. 이만큼 직장인들의 미래에 대한 고민은 끊임이 없다.

직장인 사춘기 증후군에 걸리게 되면 마음이 싱숭생숭하고, 내가 하는 일이 내 적성에 맞는지도 모르겠고, 매사에 짜증이 생겨나게 되니 상사와 주변 동료로부터 좋은 평가를 받지도 못하게 되어, 악순환에 빠지게 되는 아주 고약한 상황이 된다. 실제로 이 병에 걸리면 이겨내지 못하고 사표를 내는 것으로 결론이 나는 경우가 많은데, 문제는 사표를 내고 난 뒤에 본격적으로 시작된다. 갑자기 없어진 수입, 소속이 없는 것에서 오는 불안감, 딱히 무엇을 할 것인지 판단하지 못하는 방향성 상실… 이런 이유로 머지않아 다시 채용포털을 뒤적거리며 어이없게도 적성에 맞지 않다고 생각했던 그 직무를 키워드로 검색을 하고 있는 자신을 발견하게 된다.

어떤 직장인이든 사춘기 증후군은 한 번씩 겪는다고 볼 때, 빠르게 회복하는 능력은 매우 중요하다. 하지만 말이 쉽지, 직장인이면서 직장인이 아니길 바라고, 회사는 어쩔 수 없이 다니는 곳이라는 생각은 모든 직장인이 갖고 있는 공통분모이다. (나 역시 직장인 사춘기를 혹독하게 겪었던 지라 그 마음과 상황은 정말로 백퍼센트 이해한다.)

위에서 나는 직장인 사춘기를 '병'이라 썼다. 증상이 고약하지만, 고칠 수 있기에 '병'이라고 쓴 것이다. 매일 똑같은 사무실, 허접스러운 업무, 동료의 비아냥거림, 상사의 꾸짖음으로 괴롭다면, 모든 것을 내려놓고 잠시 자신을 바라보자. 내가 지금 힘든 진짜 이유를 찾아야 한다. 만약 그 이유가 모자란 동료, 매몰찬 상사로 결론난다면 당신은 다시 한번 절망을 느낄 수 있다. 왜냐하면 그들은 당신이 바꿀 수 있는 존재가 아니고 해답은 이직으로 날 것이기 때문이다. 물론, 이직을 선택할 수도 있지만 사실 쉽지 않기에 당신이 내려야 할 결론은 현실에 변화를 가져올 수 있는 요소 중, '당신이 바꿀 수 있는 것'에서 찾아야 한다.

우리는 다른 사람을 지배할 수는 없지만 다른 사람을 대하고 그들의 행동에 반응하는 자신의 태도는 지배할 수 있다. 인정받는 사람은 자기감정 조절이 뛰어난 사람이다. 우리는 지식이 있는 직장인보다 '지혜'가 있는 직장인이 되어야 한다. 지식은 끊임없이 생성과 변형, 소멸을 반복하지만 지혜는 그렇지 않다. 지식에 경험이 더해져 세상을 보는 시야가 넓어지는 것을 두고 우리는 지혜라고 부른다. 세상을 넓게 보는 지혜. 책을 통해서든, 멘토를 만나든, 혼자 여행을 떠나든, 당신에게 지혜가 생겨나면서 자신의 마음을 달래줄 수 있게 되고 자연스레 사춘기를 이겨내게 되는 것이다.

그렇다면, 당신을 괴롭히고 있는 직장인 사춘기 증후군의 증상을 구체적으로 하나씩 꼽아보고 해결책을 찾아보자.

[나는 왜 이렇게 하찮은 일을 하고 있을까?]
이 질문에 대한 답변에 앞서 '당신이 하고 싶은 일'이 무엇인지부터 생각해보라. 만약 당신이 하고 싶은 일이 무엇인지 명확해진다면, 다른 잡다한 업무들도 기꺼이 할 수 있는 힘이 생긴다. 더 이상의 투덜거림은 없다. 목표가 없을 때 우리는 불안한 법이다.

당신이 하고 싶은 일이 정해졌다면 다음으로 그 일을 하기 위해 어떤 능력이 필요한지를 확인해야 한다. 그래야 관련한 실력을 쌓을 수 있고, 점차 그 일에 가까워질 수 있다.

청춘들에게 직언을 하는 것으로 유명한 아트스피치 김미경 원장은 이렇게 얘기한다.

"젊은 사람들은 자기가 하고 싶은 일만 하려고 한다. 하지만, 자신이 정말로 하고 싶은 20%의 일을 하려면, 하기 싫지만 해야만 하는 80%의 일도 훌륭하게 해내야 한다."

[내 동료는 왜 나에게 비협조적일까?]

직장인 사춘기에 접어든 사람의 공통된 특징이 있다. 바로 이유 없는 짜증이다. 스스로도 감정 컨트롤이 안되니 부정적인 에너지를 뿜게 된다. 설사 당신이 별다른 말을 하지 않는다고 해도 주변 사람들은 당신이 직장인 사춘기에 접어든 것을 매우 빨리 알아차린다. 자연히 '예민해진' 당신에게 가까이 다가가는 사람은 점점 줄어들게 된다.

이렇게 되니 사람들로부터 도움을 구하기가 어려워진다. 아니 정확하게 말하면 도움을 구하고자 하는 당신의 태도가 예전 같지 않게 퉁명스럽다. '이 정도는 당연히 해줘야 하는 거 아니냐?'는 자세로 도움을 구하기가 일쑤이고, 그런 자세로는 어떤 협조도 쉽게 얻어지지 않는다.

가장 빠른 해결법은, 사무실 내 같이 일하는 동료에게 당신의 심리상태를 솔직히 얘기하고 공식적으로 도움을 청하는 것이다. 당신과 자주 협업하는 사람일수록 좋다. 사실 회사라는 조직은 마음속 솔직한 얘기를 하는 것이 터부시 되는 경향이 있다. 일견 사실이다. 자신의 속마음을 떠들고 다니면 유리한 일보다는 불리한 일이 더 많이 생긴다. 하지만 딱 1명, 내가 속마음을 털어놔도 될 만한 사람을 정해서, 솔직한 시간을 가지게 되면 당신의 고백을 듣게 된 그는 당신의 편이 되어줄 가능성이 크다.

[상사는 왜 나를 못 잡아먹어서 안달일까?]

사춘기에 접어든 당신에게 요즘 들어 부쩍 상사의 질책이 심해진다는 것을 느낄 것이다. 예전엔 쉽게 동의해줬던 사항도, 요즘은 잘 통과가 되질 않는다. 내가 직장인 사춘기 증후군에 걸린 이유가 상사 본인 때문인 걸 모르는지 한 번씩 저렇게 질책을 할 때면 한층 더 회사 다닐 맛이 안 난다.

이전에는 그러지 않았는데, 요즘 들어 더욱 질책이 심해진다면, 상사도 당신에게 경고등을 켜는 것이다. '원래 이런 친구가 아닌데…', '이건 정말 기본적인 실수인데…'라는 생각이 들게 되면서 당신에게 '빨리 정신 차리고 돌아와!'라는 사인을 보내는 것이다. 업무역량은 그대로이나 관심이 줄고 업무태도에 문제가 생기게 되어 성과가 나지 않는 것이 직장인 사춘기의 특징이다. 성과가 나지 않으면 상사 역시 문제를 해결하기 위한 방어기제가 작동하는 것이다. 상사는 맘씨 좋은 옆집 아저씨가 아니라는 점을 명심해야 한다.

빠른 시간 안에 당신이 회사에서 인정받기 위해서는 지식을 증폭시키고 협력에 훌륭하고, 상사의 마음을 꿰뚫어야 한다. 헌데 그러한 모습은 지금의 당신과 거리가 있다. 당신이 진정으로 변화를 원한다면, 무언가 행동에 변화가 필요하다.

하지만 우리는 시간이 없다. 아침에 일어나 만원 지하철을 타고 출근해서 온종일 격무에 시달리다 오후 4시쯤 되면 몸에 수분이다 빠진 듯하다. 그럴 때마다 동료 직원에게 '하얗게 불태웠어'라고 농담을 던지고 같이 웃곤 한다. 그렇게 저녁이 되면 퇴근을 하거나 술자리를 한 후, 집으로 향해 침대에 몸을 던져 하루를 마무리한다. 잠깐만! 이렇게 보면 도저히 틈이 보이지 않는다. 이렇게 하루하루 열심히 사는 사람에게 어떻게 손가락질을 할 수 있단 말인가?

변화를 원한다면 루틴을 부셔라. 매번 같은 출근, 매번 같은 퇴근, 귀가, 취침, 또다시 출근⋯ 늘상 같은 방식으로 살면서 다른 결과를 바라는 것은 미친 짓이라고 했다. 당신의 삶이 어떠한지는 스스로 잘 알 것이다.

적어도 지식과 관련해서 루틴을 부술 수 있는 방법은 외부 교육과 세미나이다. 세상은 정말 미친 듯이 급변한다. 변하는 세상을 모조리 따라잡긴 어렵고 그건 불가능한 일이겠지만, 적어도 내가 하는 일, 내가 속한 산업의 돌아가는 트렌드는 알아야 한다. 그러니 외부 교육과 세미나를 통해 배우라. 다행히 요즘엔 좋은 콘텐츠를 무료로 제공하는 사람도 많아졌다. 가능하면 오프라인 교육이나 세미나를 통해 현장의 분위기와 열의를 느끼는 것이 동기부여에도 좋으니 추천한다. 하지만, 시간이 어렵다면 유투브를 통해서 인생에 필요한 좋은 정보를 쉽게 접할 수 있다. 그것을 받아들이는 것은 당신의 선택에 달려있을 뿐이다. 베스트셀러 〈네 안에 잠든 거인을 깨워라〉의 저자이자 세계적인 성과향상 코치인 토니 로빈스(Tony Robbins)는 이렇게 말한다.

"어떤 일을 하는데 10분의 시간도 내지 못하는 사람은 결국 그 일을 하는 데 10시간을 써도 하지 못하게 된다. (중략) 이 '10분의 시간'을 연습하는 동안 당신은 마침내 당신 안의 거인을 만나게 될 것이다. 그 거인은 바로 당신이다. 지금껏 너무 많은 문제들과 부정적 감정들을 지나치게 키워왔기에, 그 밑에서 당신은 난쟁이처럼 보였을 뿐이다."

자신이 하고 있는 일에 대해 고민하고 더 나은 방안을 알고 있는 사람들이 세상에는 무수히 많다. 단지 당신이 찾고 있지 않았을 뿐이다. 어떻게 하면 시간을 효율적으로 쓸지, 어떻게 하면 창의적인 아이디어가 샘솟을지, 어떻게 하면 상식을 넓혀 '있어빌리티'를 높일 수 있을지 세상은 많은 해답과 케이스를 제공한다. 나 역시 직장에서 인정받는 방법, 자신의 일에 가치를 부여하는 방법에 대한 나름의 경험과 지식을 가지고 있고 이를 통해 많은 직장인들이 인생의 주인공으로 살 수 있게 돕고자 하는 마음으로 글을 쓰고 있다. 그리고 이 책을 읽고 있는 당신은 이미 과거의 루틴을 부셨으니 훌륭한 선택을 한 셈이다. 어제보다 나은 당신이 되는 시작점은 바로 오늘이며, 지금 이 순간부터라는 것을 잊어서는 안 된다.

Tip 직장인이라면 직장인 사춘기는 언제든지 찾아온다. 직장인 사춘기는 누구나 제대로 알면 현명하게 이겨낼 수 있고, 그 과정에서 한 뼘 더 성장한 자신을 발견할 수 있을 것이다. 더 넓은 세상을 향해 나아가는 첫 걸음은 당신의 루틴을 부수는 것에서 시작함을 명심하자.

1-7

회사의 원칙부터
이해하자

당신은 '회사'라는 조직에 대해서 얼마나 알고 있는가? 회사를 얼마나 오래 다닌 것과 상관없이 회사라는 조직의 속성과 원칙에 대해 제대로 이해하고 있는 사람은 많지 않다. 우리가 일과 상사를 내편으로 만들고자 하기 전에, 회사라는 조직의 특성을 이해하는 것은 어쩌면 당연한 순서일지도 모른다.

회사라는 조직은 워낙 종류가 다양하기에 '이게 공통되는 원칙입니다'라고 섣불리 규정지을 수 있는 부분이 많지 않다. 업종에 따라, 혹은 직원 수에 따라, 혹은 CEO의 특징에 따라서 각양각색의 특징이 나타난다. 여기서는 그럼에도 불구하고 우리가 회사에 대해 반드시 알고 가야 할 몇 가지 사실을 소개하고자 한다.

첫째, 회사는 일 잘하는 사람보다 회사에 헌신할만한 사람을 우선으로 친다.

흔히 생각하기로, 회사는 일 잘하는 사람을 최우선으로 쳐서 우수사원상을 주고, 성과중심으로 급여체계를 구성하여 개인의 충직, 헌신보다 성과, 역량을 우선시한다고 생각할 수 있다. 하지만 착각하면 안 된다. 좋은 학벌에 관련분야 성공경험을 가지고 있는 사람을 영입함에 있어서도 최종 면접은 회사의 원칙에 맞는 사람인지를 확인하는 과정을 거친다는 것을 알아야 한다. 조직에 헌신하지 못하는 사람을 뽑은 대가는 혹독하기에, 채용하는 인력이 고직급일수록 더더욱 조직 헌신도를 다양한 질문과 레퍼런스 체크로 심도 깊게 검토하는 것이다.

당신이 회사에서 보는 임원들. 그들은 누구보다도 회사의 원칙을 속속들이 이해하고 있는 사람들이다. 회사는 단순히 성과가 훌륭하고 경력이 화려하다고 하여 임원의 자리를 내주지 않는다. 자기 분야에서 남다른 전문성을 가지는 것은 기본이고, 회사라는 조직에 헌신할 수 있는 사람을 임원으로 뽑는 법이다. 만약 전문성만을 강조한다면 임원을 뽑을 것이 아니라 전문 컨설턴트나 TF조직을 꾸리는 것이 비용이나 시간 대비 훨씬 효과적일 것이다. 즉, 회사가 가장 오래 함께하고 싶어 하는 사람은 회사를 위해 충직하게 끝까지 함께 해줄 사람임을 명심해야 한다.

둘째, 어떠한 경우에도 긍정적인 태도가 중요하다.

나는 간혹 회사 카페에서 오가는 직원들을 가만히 바라볼 때가 있다. 보고 있자면 저마다 하는 일이 다른 만큼, 일하는 스타일도 다양하다는 것을 알 수 있다. 조용하게 근무하는 타입이 있는 반면, 목소리가 커서 자신이 무슨 일을 하고 있는지 주위 사람들이 실시간으로 다 아는 직원도 있다. 그리고 대부분의 직원은 그 사이 어디쯤에 있다.

회사는 이렇게 다양한 스타일의 직원들로 구성되어 있다. 당신 역시 당신만의 스타일로 살아갈 권리를 가지고 있다. 하지만 회사가 눈여겨보는 것은 당신의 스타일이 아니라 얼마나 긍정적인 태도를 지니고 있는가이다. 그에 따라 당신을 끌어올려 줄 것인가 일정 시점이 되면 작별을 고할 것인가를 결정하게 된다. 회사는 긍정적인 사람이 성공의 가능성이 높고 주변 동료에게 함께 일하는 즐거움을 주기에 회사에 꼭 필요한 사람이라고 생각한다.

여기서 긍정적인 태도란 무조건적인 낙관을 뜻하는 것이 아니다. 어려운 상황이 닥치더라도 문제를 해결할 수 있다고 생각하고 '긍정적 측면을 먼저 생각하는 태도'이다. 그리고 해결할 수 있다고 믿기에 원인을 빨리 찾고 상황의 무게에 억눌리지 않고 창의적인 솔루션을 제안한다. 실의에 빠져 있는 주변 동료를 일으켜 세우고, 현실적인 대안을 제시한다. 회사에서 좋아하지 않을 수 없다.

셋째, 당신에 대한 평가는 상사가 아니라 주변에서 내리는 것이다.

'최과장은 올해 업적평가에서 중간등급을 차지했다. 올 한해 그 누구보다 많은 일을 했다고 생각했는데, 우수등급을 받지 못하다니… 최과장은 평가권자인 상사에게 화가 나서 이대로 평가 결과를 받아들일 수 없다고 생각하고 있다. 결국 그는 평가 불승복 의견을 제출하고 팀장과 별도 미팅을 가질 예정이다.'

과연 최과장이 상사에게 평가 불승복 절차로 이견을 제시한 것은 바람직한 행동이었을까? 그렇지 않을 가능성이 높다. 왜냐하면 상사에게는 최과장이 '평균 수준'이라는 것을 증명하는 많은 자료가 있기 때문이다. 납기를 맞추지 못한 업무의 횟수, 일 년 동안의 지각 기록, 업무결과물의 고객만족도 수준… 그리고 무엇보다도 함께 일하는 동료들의 평가가 그것이다.

개인의 능력을 판단하는 기준은 회사마다 다를 수 있다. 회사마다 내거는 핵심가치가 다르기 때문이다. 성실을 강조하는 회사, 정직과 윤리를 최우선으로 하는 회사, 전문가적 역량을 높게 치는 회사 등 여러 가지 핵심가치가 있다. 하지만 어느 회사든 빠지지 않는 덕목은 공동체의 일원으로서 동료 간의 '신뢰'이다. 사실 상사 역시 평가를 올바로 내리기 위해서는 모든 구성원에게 같은 시간을 투여하여 공정하게 판단해야 하지만 현실적으로 그것은 불가능하다. 특히 업무 수행의 과정상에서 발휘되는 동료 간의 화음은 누군가 말해주지 않으면 알기 어렵다. 상사는 이러한 현실적인 한계를 알고 있기에 구성원들과 미팅을 통해 업무의 애로사항을 개선하고 동료 간의 케미스트리를 체크한다. 즉, 회사라는 조직의 일원으로서 인정받는 것은 상사 이전에 동료부터라는 것을 잊어서는 안 된다.

그렇다면 당신이 속한 회사의 원칙을 바르게 이해하기 위해서는 어떤 것에 주목해야 할까? 당신이 가장 주목해야 할 부분은 바로 '업무처리 프로세스'이다. 업무처리 프로세스에는 당신의 회사에서 무엇을 가장 중요하게 생각하는지, 각각의 부서가 어떤 역할을 하는지 등을 알 수 있게 되어 있다. 즉 업무처리 프로세스의 완성도는 그 회사의 평균적인 지적 수준을 나타낸다. 왜냐하면 '프로세스'라는 것은 한쪽에서만 주장한다고 반영, 개정되는 것이 아니며, 구성원들의 합의에 의해 형성된 것이니만큼 그간의 개선과정을 고스란히 담고 있기 때문이다. 그리고 부족한 프로세스로 인해 고통 받는 것은 구성원 본인들이기 때문에 한층 더 구성원들이 심혈을 기울일 수밖에 없다.

비용 집행 프로세스, 인재 채용 프로세스, 직원 교육 프로세스, 제품 판매 프로세스, 마케팅 기획 프로세스, 복리후생 프로세스 등 당신의 회사는 수많은 프로세스로 구성되어 있다. 이렇게 씨줄과 날줄처럼 엮여있는 다양한 프로세스들이 세련되게 구성되고 상호 보완적으로 운영되고 있다면 그 조직은 성장을 위한 기본 발판이 탄탄하다고 할 수 있다.

프로세스 혁신의 아버지라 불리는 에드워드 데밍(W. Edwards Deming) 박사는 '나쁜 시스템이 언제나 좋은 사람을 이긴다. (A bad system will beat a good person every time)'라며 프로세스의 중요성을 역설했다. 인간이라면 누구나 자신을 둘러싼 환경으로부터 큰 영향을 받는 법이고, 회사라는 조직은 프로세스로 형성되어 있기에 구성원은 자신을 둘러싼 다양한 프로세스에서 자유로울 수 없고 프로세스에 따라 자신의 역량을 발현하는 것이다.

즉, 회사 원칙의 대표라고 볼 수 있는 '업무처리 프로세스'에 대한 이해부터 시작해야 자신의 역량을 드러낼 수 있는 밑그림을 그릴 수 있다. 남과 다른 자신만의 차별성을 드러내기 위해서는 자신이 속한 조직에 대한 충분한 이해를 바탕으로 해야 한다. 그 이후에 자신의 능력을 발휘할 수 있는 여건을 조성할 수 있다. 회사의 원칙도 이해하지 못한 채 현실에 대한 불만만을 꺼내놓는 것은 누구도 공감을 하지 않는다는 것을 명심해야 한다.

모든 회사의 기본 덕목은 헌신, 긍정, 동료 간 신뢰임을 이해하고 체득하라. 그리고 당신만의 차별성을 어필하고 싶다면 당신이 속한 회사의 여러 프로세스를 충분히 익힌 후 제안하는 것이 성공률을 높일 수 있다.

2

실제 능력보다 보여지는
능력이 더 중요하다

작은 실수를 우습게 생각했더니

큰 결함을 가진 사람으로

눈덩이가 되어 돌아왔다.

거절을 못하는 착함이

결국 버틸 힘조차 허물었다.

일 잘할 것처럼 보이는 사람이 정말 일을 잘했다.

남들에게 보여지는 걸 무시했더니 큰 코 다쳤다.

그래서 생각을 바꾸고 태도를 바꿨더니

회사가 나를 대하는 자세도 바뀌었다.

회사가 내편이 되는 순간을 경험했다.

보여지는 것을
우습게 보지마라

　　많은 기업들이 스타트업 문화를 원한다고 하면서 첫 번째로
빠지지 않고 바꾸는 것이 복장 기준이다. 정장에 넥타이, 벨트와 구
두로 대변되는 직장인의 복장은 그동안 고루한 조직문화의 대표격
으로 지적받아왔다. 그래서 자유로운 소통과 유연한 조직문화를 구
축하고자 자율복장 제도를 도입하는 추세이다. 명칭은 자율복장이
지만, 기업에 따라 일주일에 하루나 한 달에 하루 비즈니스 캐주얼
을 착용하는 제도로 조심스럽게 시작하는 경우도 볼 수 있다. 여전
히 '완전' 캐주얼은 가벼워 보인다는 우려의 결과물이다. 이 말은 여
전히 '보여지는 것'이 판단의 중요한 요소로 작용한다는 것을 뜻한
다. 스타트업이 아닌 경우, 특히 영업직의 경우 첫눈에 인상이 결정
되기 때문에 외관을 매우 중요시 한다. 보험 컨설턴트들은 영업기술

의 하나로 신뢰 가는 외관 유지법과 비즈니스 매너를 매우 철저하게 몸에 밸 정도로 배운다. 준비 안 된 외관으로 자신의 이미지가 손상되는 것을 원치 않기 때문이다.

사람의 첫인상과 관련하여 초두효과(Primacy effect)가 있다. 미국의 뇌과학자인 폴 왈렌(Paul Whalen)에 따르면 우리는 0.1초도 안 되는 순식간에 상대방에 대한 호감도와 신뢰도를 평가한다고 한다. 여기서 주요 판단 근거는 외모, 목소리, 어휘 순이다. 즉, 나의 사람 됨됨이와 지식수준과는 무관하게 나의 외모와 말로써 아주 눈 깜짝할 사이에 평가가 끝나버린다는 것이다. 그리고 이러한 첫인상을 뒤집기 위해서는 200배의 정보량이 필요하다고 하니, 가히 무시하지 못할 첫인상 효과다.

그렇다면, 업무에 있어 첫인상은 무엇일까?

예를 들어, 당신이 보고서를 작성해서 결재를 받는 과정이라고 하자. 전자문서가 일상화된 요즘, 내가 직접 보고서를 들고 여기저기 뛰어다니며 결재를 받는 경우는 드물다. 만약 그렇게 뛰어다닌다면 첫인상은 보고서가 아니라 당신이 될 것이다. 당신의 외모, 목소리, 어휘 순으로 당신이 평가되고 이렇게 되면 당신의 보고 스킬이 매우 중요해진다. 하지만, 점차 전자문서의 사용 비율이 높아지면서, 첫인상은 당신이 아니라 보고서 자체가 된다. 그런 상황에서 당신의 보고서가 한눈에 들어오지 않거나, 오탈자가 눈에 거슬리게 된다면, 설사 결재를 받아낸다 하더라도 좋은 인상을 남길 수 없다.

"내용이 충실하면 된 거지 작은 오탈자 하나가 무슨 대수람."

우리 속담에 '하나를 보면 열을 안다'는 말이 있다. '하나'로 나의 '열'을 판단한다는 것은 잔인하다고 생각할 수 있으나, 우리는 인간이기에 심리적 효과에서 자유로울 수 없다. 새로운 직장에 출근하게 되면, 우리는 본능적으로 동료와 상사에게 좋은 인상을 남기기 위해 최선을 다한다. 적극적으로 움직이고, 스마트하게 말하기 위해 노력한다. 이러한 모습은 놀랍지 않으며, 첫인상의 중요성이 얼마나 큰 지 스스로 인지하고 있음을 의미한다. 단순히 맞춤법 하나가 틀린 경우에도, 대수롭지 않다고 생각하면서도 보고서의 내용보다 틀린 맞춤법에 더 눈이 가게 된다. 내 보고 내용이 방해받는 것이다. 틀릴 필요가 없는 사소한 것 하나를 틀림으로 인한 대가를 생각해보면 절대 간과할 수 없는 사실이다.

〈깨진 유리창 법칙〉의 저자 마이클 레빈(Michael Levine). 그는 저서를 통해 비즈니스 세계에서 보여지는 작은 차이가 얼마나 큰 결과로 이어지는 지를 역설한다. '깨진 유리창 법칙'은 1969년 스탠퍼드대 심리학자 필립 짐바르도(Phillip Zimbardo) 교수의 자동차 실험에서 탄생했다. 그리고 현실에서 적용된 대표적인 사례가 뉴욕의 지하철 환경개선 케이스이다.

1980년대 중반 급속도로 빈민굴처럼 변해가는 뉴욕. 도시의 뒷골목은 낙서투성이에 지하철은 온통 지저분하고 범죄가 끊이지 않게 되어 사람들은 저녁에 외출을 하지 않고 기업은 뉴욕을 떠나게 되는 상황에까지 이르게 된다. 해가 갈수록 강력 범죄의 발생은 늘어가기만 했고, 시와 경찰은 이를 손놓고 바라보기만 했다. 그리고 변화는 1995년 새롭게 뉴욕시장에 취임한 루디 줄리아니(Rudy Giuliani)의 취임 일성에서부터 시작된다.

줄리아니 시장은 강력 범죄를 줄이기 위해 강력 범죄 자체보다 지하철의 환경개선 등 경범죄에 집중하겠다고 선포한다. 즉, 지저분한 뉴욕의 지하철 환경이 범죄자로 하여금 범죄를 저질러도 될 만한 상황으로 인식되었고, 아무도 신경을 쓰지 않는 모습이 심리적 허용을 제공했다고 판단했던 것이다. 줄리아니 시장의 주도하에 뉴욕시와 경찰은 지하철 환경을 개선하고, 경범죄를 집중 단속함으로써 결국 강력 범죄의 발생률을 75%까지 줄이게 된다.

우리는 주장을 펼침에 있어, 우리가 가장 자신 있는 방법을 선택할 필요가 있다. 누군가는 정제된 표현법과 간결한 문체능력으로 보고서를 작성하는데 자신이 있고, 누군가는 일대일 대화에서 설득력 있는 말투와 어감이 강점이기도 하고, 누군가는 일대 다수의 프리젠테이션에 강점을 가지고 있기도 하다. 어떤 방법을 선택하든 그것은 당신의 몫이다. 당신의 몫이란 말은 당신이 증명해야 한다는 뜻이다. 어떠한 것이든 본인이 선택한 어필 방법에서 실수를 허락하지 않도록 하라. 보고서든 프리젠테이션이든, 언변이든 본인이 선택한 방법이니 그 방법에 있어서는 보여지는 부분에 대해 실수를 하지 않겠다는 마음가짐을 가져야 한다. 그리고 그것을 실천했을 때 작은 성취로 규정짓고 스스로 칭찬해 줄 필요가 있다.

영업직은 숫자로, 사무직은 보고서로 말한다는 말이 있다. 작은 실수로 돌이킬 수 없는 평판을 얻게 된 사례로 함께 일했던 최대리를 빼놓을 수 없다.

최대리는 좋은 스펙에 똑똑하며 말도 잘하는 친구였다. 그의 이력은 화려하게 기재되어 있었으며 그런 이유로 주변으로부터 많은 기대를 받고 입사했다. 업무 인수인계도 적극적으로 받고, 내용에 대한 파악도 빨랐다. 그렇게 입사 몇 달 후. 옆 부서로부터 이상한 소리가 들려오기 시작했다. 한 달에 한번 넘겨받는 급여 자료에 최대리가 숫자를 계속 틀려서 주는 바람에, 자기네 팀원들이 그 틀린 숫자를 고치느라 매달 곤욕을 치른다는 하소연이었다. 상황을 알아보니 입사 후 숫자를 틀리지 않은 달이 없었을 정도로 매달 오류가 있었던 것이었다.

곧바로 최대리와 면담을 했고, 문제가 생기는 이유를 프로세스에서 찾아보기로 했다. 그리하여, 급여 작업 프로세스 전반과 최대리의 작업 내용에 대해 확인한 결과, 마감을 앞두고 긴박하게 돌아가게 되는 본질적 위험요소가 있기도 했지만, 최대리가 저지른 결정적 실수의 대부분은 엑셀 함수 범위를 잘못 설정했던가, 신규 입사자를 누락했던가 하는 작은 부분에서 발생한 것이었다.

작은 실수가 이어지면 책임감 없는 직원으로 평가되니 주의를 기울이라는 최종 면담과 함께, 앞으로도 같은 일이 생기면 역량 평가에 좋은 점수를 줄 수 없다는 얘기를 전달했다. 팀에서 전달되는 자료에 매달 문제가 있다면 그건 팀의 얼굴에 먹칠하는 것과 같기 때문이다. 결국 그는 스스로 만들어놓은 부정적 평판을 이기지 못하고 타사로 이직하게 되었다.

좋은 평판을 쌓는 것은 직장생활에서 무엇보다도 중요하다. 하지만 아무리 똑똑하다는 직원도 눈에 보이는 작은 실수가 계속 되면 능력을 의심하게 될 뿐만 아니라 같이 일하기 어려운 사람으로 판단하게 된다. 반복되는 같은 실수 앞에서 관대한 조직은 없다는 것을 명심해야 한다. 당신의 하루를 작은 성취들로 채워나갈 것인지 작은 실수들로 얼룩지게 할 것인지는 당신에게 달려있다. 당신이 원하는 '좋은 평판'은 꾸준한 신뢰가 없이는 있을 수 없다.

Tip 작은 실수로 신뢰 점수를 잃을 필요는 없다. 인간은 누구나 실수를 하지만, 반복되는 실수 앞에 관대할 조직은 없다는 것을 명심하라.

2-2

그 많던 착한 김대리는
다 어디로 갔나?

자신의 필요보다 타인의 필요를 우선순위에 두고 자신보다 타인의 생각을 더 존중하며 자기 자신에게는 자신감이 없는 사람. 우리는 그런 사람을 가리켜 '착한 사람 신드롬'을 가지고 있다고 한다. 한때 유행했던 '착한 김대리'라는 말도 같은 맥락이다. '일 좀 할 줄 아는' 대리라는 직급이 되면 여러 군데에서 일이 쏟아져 들어오기 마련이다. 회사가 어떻게 돌아가는지는 알기에 딱히 못 해내는 일도 없지만 그렇다고 나만의 스페셜리티가 형성되기 전인 상태, 그리고 무조건 열심히만 하면 칭찬받는 사원 시절을 갓 지나온 터라 시키는 일만 받아온 수동적 상태가 '착한 김대리'의 모습이다.

나의 사원시절을 돌이켜 보면 딱 그러한 모습이었다. 모든 사람들에게 인정받고 싶어 했고, 어떤 일이 맡겨져도 싫은 내색 없이 혼신의 힘을 다해 달려들었다. 팀의 모든 보고서를 혼자 기안했다고 해도 과언이 아닐 정도였고 맡기는 모든 일을 열정적으로 해결했다. 그러다 보니 별명이 터미네이터였을 정도다. 훗날 그 자리에 들어온 후임 직원이 도대체 송창용이 누구길래 모든 보고서 기안자가 송창용이냐고 물었을 정도이니 일은 참 열심히 했던 것 같다. 이런 결과로 나는 동기들보다 2년 빨리 특진을 해서 대리가 되었다. 시키는 대로 열심히 하는 '착한 송대리'가 탄생하는 비극적인 순간이었다.

알다시피, 대리가 되면 머리가 굵어진다. 시키는 것만 해서는 차별성이 없을 뿐만 아니라 시켜서 하는 일만 하면 재미없다는 것을 깨닫게 된다. 사원 때 성실했던 친구가 대리가 되면서 갑자기 슬럼프에 빠지는 이유가 이것이다. 묘하게 직장인 사춘기 시점과도 맞아떨어진다. 결국 나는 사원 때의 헌신적인 모습이 무색하리만치 회사에 대한 매력이 급전직하했고 결국 대리 2년 차에 퇴사를 했다. 다른 곳으로 이직을 한 것도 아니고, 무작정 쉬고 싶다는 생각이 컸기에 '착한 송대리'의 생활에 정지 버튼을 눌렀다.

왜 회사는 일 잘하는 '착한 송대리'를 붙잡지 못했을까? 사실 회사는 변한 게 없다. 기한이 정해진 프로젝트를 완수하기 위해서는 가장 일 잘하는 사람을 찾을 수밖에 없고, 그러다 보니 일 잘하는 송대리에게 여러 가지 프로젝트가 동시에 떨어지게 된다. 회사에서 소위 일 잘한다는 평가를 받는 많은 이들이 가지고 있는 불만이 이것이다. 왜 일은 하는 사람만 하고, 일하지 않는 무임승차자는 왜 이렇게 많은 거냐고. 왜 일 잘하는 사람에게 일이 몰려서 자신의 생활도 포기한 채 회사 일에 허덕여야 하냐고. 반면에 평균 이하의 평가를 받더라도 자신의 생활을 즐기고, 타인의 성과에 작게나마 기여했다는 이유로 성과분배 과정에는 포함되는 무임승차자는 어떻게 처리할 것이냐고 말이다. 개인 삶의 중요성이 커져가는 만큼 조직운영 측면에서 '일 몰림 현상'과 '무임승차자' 논란은 주 52시간 근무제와 맞물려 이 시대가 풀어야 할 숙제이다. 하지만 정작 당신에게 중요한 것은 매일 반복되는 '일 몰림 현상'에서 어떻게 현명하게 스스로를 지킬 것인가이다.

의외로 많은 사람들이 거절의 기술에 익숙하지 않다. 또한 그것이 매일 얼굴을 맞대는 직장동료 간이라면 더더욱 거절이라는 단어가 어렵게 다가온다.

"협력하고 화합하라면서 어떻게 동료의 부탁을 거절해? 앞뒤가 안 맞지 않아?"

성과와 평가, 그리고 배분으로 이어지는 회사라는 조직이기에, 성과의 바탕이 되는 동료 간의 커뮤니케이션은 일정 수준의 기술을 요한다. '협력관계'라는 기본 바탕 위에서 서로 기분을 상하지 않게 거절과 승낙이 앙상블을 이루게 하는 것이 직장 내 거절의 기술이다. 직장 내 거절과 관련된 몇 가지 Tip을 소개해 보고자 한다.

1. 기계적인 거절은 금물이다.

거절하는 행동에 대해 필요 이상으로 미안해하는 사람들이 있다. 기본적으로 심성이 착한 사람들이 이런 부류다. 하지만 이것도 지나치면 자신에게 독이 된다는 사실을 알아야 한다. 이런 사람들은 거절할 때 상대방이 상처받는 포인트를 정확히 알 필요가 있다. 즉 거꾸로 생각해 보면, 우리가 어떤 부탁을 했을 때, 상대방이 거절하는 경우 가장 불편한 상황은 나의 입장을 이해하지 않고 기계적인 거절을 할 때이다.

거절을 하는 상황에서 마음의 소비를 하나도 하지 않겠다고 한다면, 상대방과의 인간적 관계는 상당히 불편해질 것이다. 회사라는 곳이 부탁하는 사람과 부탁받는 사람이 정해진 곳이 아니다. 오늘은 내가 부탁을 받지만, 내일은 내가 그에게 부탁을 할 수 있는 곳이 회사라는 곳이다. 즉, 거절을 해야 하는 상황이라면 그에 대해 충분히 설명해주고 거절에 따른 미안함을 표해주는 것과 같이 내 마음을 적절한 선에서 소비해 주는 것이 필요하다. 예를 들어, 부탁내용을 들을 때 서로 마주보고 충분히 반응을 보여주어 경청하고 있다는 느낌을 주고, 더 나아가 상황에 대한 공감을 표해준 뒤, 당신의 입장에서 부탁을 수용할 수 없는 이유를 간단하게라도 설명해준다면 상대방과 관계를 다치지 않고 마무리할 수 있을 것이다.

2. 거절을 할 수밖에 없는 상황을 미리 정해두자.

내가 거절을 하는 경우, 그 사유는 상대방도 이해할 만한 것이어야 한다. 즉, 단순히 '하기 싫은 일'이기 때문에 거절한다는 느낌을 주기보다, 몇 가지 합리적 사유를 미리 머릿속에 그려두고 그에 해당되면 거절을 하는 것이 양 당사자 모두에게 좋은 것이라는 명제를 심어두자. 내가 머릿속에 그려둔 최소한의 '거절의 이유'는 다음과 같다.

① 업무분장상 원래 내 일이 아닌 경우

: 부탁하는 사람의 입장에서는 그 일이 당신의 일인지 모르고 물어보는 경우가 있다. 물론 당신은 경험과 지식이 있기에 부탁받은 일을 어렵지 않게 해줄 수 있다. 하지만 회사는 수많은 사람들이 자신의 업무영역을 가지고 일하는 곳이다. 만약 부탁받은 일이 아무리 작은 일이라도 당신의 업무 소관이 아닌 경우, 거절을 표하고 바른 소관처를 안내해주는 것이 반드시 필요하다. 올바른 소관처에서는 본인의 일을 당신이 대신 해주길 원하지 않는다. 그리고 회사의 입장에서도 당신이 아니라 해당 소관처의 실적으로 남을 뿐이다. (그러기 위해서도 업무분장 프로세스를 명확히 하고 gray zone을 최소화해야 하는 것이다) 오지랖은 금물이다.

② 현재 수행 중인 업무가 바빠서 부탁을 들어줄 수 없는 경우

: 사실 이러한 경우가 대부분이다. 회사에서 당신은 시간이 부족하다. 이런 상황에서 동료가 부탁하는 업무까지 더해진다고 한다면 쉬운 문제가 아니다. 현재 상황을 냉철히 바라볼 필요가 있다. 얼마나 많은 업무가 언제까지 완료되어야 하고, 그러기 위해서 내가 얼마의 시간을 투여해야 하는지 말이다. '바빠서' 거절하는 것을 미

안해하는 경우가 많지만, '바쁘다'는 것만큼 당신의 상황을 적절하게 표현하는 말도 없다. 동료에게 상황을 설명하고 거절을 하더라도 이해할 것이니 부담을 느끼지 말고 얘기하도록 하자.

③ 자신의 철학과 위배되는 경우

: 예를 들어, 친한 동료가 돈을 빌려달라는 '개인적인 요청'을 하는 경우, 당신 역시 당신이 세워놓은 '인생의 철학'이나 '가치관'을 들어 거절할 수 있다.

"네 사정은 딱하지만, 난 친구사이에 돈거래를 절대 하지 않는다는 철학이 있어. 그건 어떤 식으로든 좋지 않은 결말을 가져오거든. 이해해주길 바랄게."

'착한 김대리'로 살아가는 것은 생각보다 고단하다. 다른 이에게 내 시간과 에너지를 다 뺏기는 것과 같은 느낌이 들것이다. 그리고 당신이 도와준 실적은 다른 이의 실적으로 평가되니 이 또한 속상한 일이다. 어떤 식으로든 '착한 김대리'로 사는 것은 반대다. 우리가 그려야 할 김대리의 모습은 '착한' 것이 아니라 '영리'한 것이다. 사실, '영리'하다는 말은 부정적 의미도 내포하기에 명확히 정의할 필요가 있다. 경영 컨설턴트 패트릭 렌시오니(Patrick Lencioni)가 정의한 팀플레이어의 요건 중 영리함을 마지막으로 이 장을 마친다.

"팀이라는 환경에서 영리함이란, 간단히 말해 '타인에 대한 상식'을 의미한다. 이는 대인관계를 잘 이해하고 그에 맞춰 적절하게 행동하는 능력과 전적으로 관련 있다. 영리한 사람은 집단 속에서 어떤 일이 발생하면 재빨리 알아차리고, 타인을 효과적인 방법으로 다룰 줄 안다. 이들은 적절한 질문을 던지고, 타인의 말을 경청하며, 대화에 몰두한다."

Tip 세련된 거절의 기술은 끝없이 쏟아지는 업무 속에서 자신을 현명하게 지키는 능력이다. 동료를 배려하는 거절의 기술을 익혀서 사소한 이유로 사람을 잃는 경우가 없도록 하자.

2-3

능력 있다는 평가가
능력 있게 만든다

직장생활을 하면서 많은 사람을 만나온 것은 나의 큰 자산이다. 사내 커뮤니케이션 활동을 하기 때문에 내부 직원들을 만나는 것은 물론이거니와 복리후생, 조직문화 프로그램을 운영하기 위해 협력업체를 만나는 횟수는 이루 셀 수 없을 정도이다. 이렇게 많은 사람들을 만나고 생각을 나누는 과정을 가지면서 자연히 눈에 띄는 사람과 그렇지 않은 사람을 구분하는 노하우가 생기게 되었고, 직장에서 능력자와 비능력자의 경계가 그리 크지 않다는 것도 알게 되었다.

이 책의 제목이기도 하지만, 일과 상사, 그리고 동료를 내편으로 만드는 것은 모든 직장생활의 기본이다. 내편으로 만든다는 것은 환경을 나에게 유리하게 바꾼다는 것이다. '일을 해 줄 테니 월급을 다오'라는 일차원적인 급부↔반대급부의 논리만으로 직장생활을 하는 사람은 굳이 환경에 대해 고민하지 않아도 된다. 하지만, 일을 통해 성취감을 느끼고, 상사의 신뢰를 받는 직장인은 주변에 대한 관심이 크다. 스스로도 당당하기에 어깨 각도부터 다르다. 눈빛에서도 힘이 느껴지고 누구를 만나서 얘기를 하더라도 안정감을 부여한다. 이런 사람은 첫인상이 강렬하게 남게 되고, 함께 일하더라도 더더욱 신뢰가 갈 수밖에 없다.

그리스 신화에서 나오는 조각가 피그말리온은 아름다운 여인상을 조각한다. 세상 여인들의 모습에 혐오감을 느낀 그는 자신이 원하는 가장 완벽하게 이상적인 여인의 모습을 조각한 후, 갈라테이아(Galatea)라는 이름을 붙이고 진심으로 사랑에 빠지게 된다. 실제 연인처럼 말을 걸고, 옷을 입혀주었으며, 장신구를 선물하는 등 피그말리온에게 갈라테이아는 진정한 자신의 연인이었다. 이러한 순수하고 지극한 모습에 여신 아프로디테는 갈라테이아에게 생명을 불어넣어 피그말리온의 소원을 들어주게 되었다는 전설이다. 사실이라고 진심으로 믿게 되면 현실로 이루어지게 된다는 피그말리온 효과의 유래이다.

피그말리온 효과에 대한 교육학적 연구결과로 가장 유명한 것은 하버드대 심리학 교수인 로버트 로젠탈(Robert Rosenthal)이 1968년 실시한 한 초등학교의 실험이다.

로젠탈 교수는 한 초등학교 전교생의 지능지수를 검사하고 지능지수와 상관없이 학생 중 20%를 랜덤으로 추출한 후 담임을 따로 불러 '이 학생들이 지능지수가 높으니 학업성취 가능성이 매우 높을 것'이라는 안내를 한다. 그리고 8개월 후 실제로 그 아이들의 학업성취가 높아진 결과를 받게 된다. 로젠탈 교수는 20%의 아이들에게 지난 8개월간 성적이 오른 이유가 무엇이냐는 질문을 했고, 아이들은 선생님이 자신을 특별한 아이라고 믿는 것을 느낄 수 있었고 공부 잘하는 아이로 대해 준 것이 큰 동기부여가 되었다고 했다.

유사한 경험으로, 나의 학창시절을 들 수 있다. 고등학교 3학년이 되면 대학 진학을 위해 특별한 노력을 기울이게 된다. 학생 본인뿐만 아니라 학교에서도 많은 학생들이 보다 좋은 대학으로 진학하게끔 여러 가지 노력을 기울이게 되고, 이는 특별한 사실이 아니다. 내가 다닌 학교의 경우에는 성적 상위 그룹을 별도의 반으로 편성하는 방법을 썼다. 즉, 전교 1등부터 50등까지 같은 반으로 편성한 것이다. 같은 반이 된 첫날의 기억이 아직도 선명하다. 그 반에 속하게 된 아이들은 왠지 모를 묘한 '우월감'을 느끼고 있었고 이전보다 더 집중하는 등 소위 '품위'있는 행동을 보였던 것이다. 실제 학업성적 역시 다른 반에 뒤지면 안 된다는 묘한 압박감이 작동하면서 학업에 열중하고 좋은 결과를 얻는 모습을 보였다. 그리고 학업 순서로 선발되었지만 학업뿐만 아니라 운동 역시 잘하는 특징을 보였다. 학업을 위해 운동을 포기하는 것이 아니라 공부도 잘하고 운동, 특히 구기운동을 잘하는 친구들의 비중이 높았다. 사실 구기운동에서 가장 중요한 것은 자신감이다. 구기운동은 공이라는 '내 몸에 떨어져 있는 대상'을 컨트롤하는 것이기 때문에 자신감 있게 하는 것이 무엇보다 중요하다. 이들은 자신감이 넘쳤다. 사람은 능력 있다는 평가를 받게 되면 자신의 능력에 대해 긍정적 최면을 걸게 된다. 긍정적 최면은 한 가지 영역만이 아니라 전방위적으로 긍정적 영향을 미치게 된다. 공부를 잘해서 칭찬받고 인정받는 아이들이 운동이나 사교성까지 좋은 이유가 그것이다.

이는 '보여지는 게 대부분'인 직장세계에서도 다르지 않다.

우선 시작이 중요하다. 현재 상사와 일이 내편이 아니라고 생각이 드는가? 이들을 내편으로 만들어서 '회사'라는 조직이 부여해 줄 무궁무진한 가능성을 경험하고 싶은가? 분명한 것은 그러기 위해서는 이전과는 다른 삶을 살아야 한다는 것이다. 다른 삶은 작은 부분에서부터 시작하는 것이 좋다. 큰 변화는 오래가지 못한다. 평소 10개도 못하던 푸쉬업을 '난 몸짱이 되겠어!!'라고 마음먹고 몸짱들처럼 하루에 50개씩 하겠다고 한다면 100% 단 하루도 못해내고 '난 역시 안돼'라는 자책으로 끝나게 된다. 다른 삶을 산다는 것은 '달라진 습관'이 필요하고 습관을 들이기 위해서는(의식적으로라도) 작은 부분부터 시작하는 것이 중요하다.

그렇다면 당신이 회사에서 바꿀 수 있는 작은 습관에는 무엇이 있겠는가? 잘 모르겠다는 사람들을 위해 몇 가지 제안한다.

일단, 출근시간을 10~20분 앞당겨 보자. 매번 출근하던 시간에서 10~20분을 앞당기면 당신이 회사에 출근해서 처음 만나는 사람들이 달라진다. 일찍 출근하는 사람들. 그들에겐 공통된 특징이 있다. 늦게 출근할 때의 번잡함(만원지하철 뿐만 아니라. 지각할까 걱정하는 마음의 번잡까지)을 싫어한다. 하루를 차분히 시작할 수 있고, 아침 식사를 할 수 있는 여유도 생긴다. 이들에게 일찍 출근하는 것은 그리 어려운 일이 아니다. 당신이 가까이 해야 할 사람은 이렇게 일찍 출근하는 것이 아무렇지도 않은 사람들이다.

또 다른 작은 습관으로, 출근해서 업무시작 전 15분 활용법이 있다. 업무를 시작하기 전 15분이라는 시간을 투여해서 당신이 오늘 해야 할 일을 메모장에 적어보자.

"에이, 요즘 누가 손으로 쓰나요. 일정관리 앱이 다 있는데요."

일정관리 앱은 알람기능으로 사용하는 것이다. 빈 백지에 손으로 쓰는 것은 형식에 얽매이지 않고 자유롭게 생각을 뿌려놓을 수 있는 장점이 있다. 글을 쓰다가 표를 그리기도 하고 화살표를 이리저리 그어보기도 하자. '마인드 매핑'처럼 '데일리 매핑'이라 생각하면 된다. 빈 종이에 당신의 하루를 편하게 그려보자. 무엇부터 해야 할 지 우선순위를 정하고 누구를 만날지, 어떤 결정을 내려야 하는지를 써보면서 하루를 차분히 시작할 수 있다. 하루짜리 계획표이니 하루 쓰고 버려도 되고 다음날에 이어서 써도 된다. 그리고 하루에 완료한 업무는 별도로 정리해서 실적으로 반영해두자. 어플리케이션이든 엑셀파일이든 상관없다. 내가 한 일에 방점을 찍어가는 습관을 가지는 것이 중요하다.

다음은 당신의 보고 습관에 대해서 얘기해보자. 기본적으로 당신은 6~8가지의 업무를 동시에 수행하고 있다. 이는 사무직이나 영업직, 생산직 등 직군에 따라 대동소이 하지만 멀티태스킹을 해야 하는 입장은 같다. '직장생활은 보고로 시작해 보고로 끝난다'고 할 만큼 직장인에게 보고는 중요한 업무 능력 중 하나다. 특히 이렇게 많은 업무가 계속해서 돌아간다면, 당신은 '중간보고'를 습관화해야 한다.

중간보고는 잘못된 업무방향을 바로잡는데 큰 역할을 한다. 즉 상사와의 커뮤니케이션을 통해 당신이 생각하고 있는 업무처리 방향을 설명하고 상사의 의견을 청취할 수 있다. 그리고 예상치 못한 중도 문제 상황에 대해서도 대처할 수 있다는 장점이 있다. 세련된 중간보고를 위해서는 먼저, '이전 보고' 때와 달라진 점을 요약해서 보고의 가치가 있다고 판단되는 핵심을 간추려야 한다. 그리고 보고 타이밍을 당신이 잡아서 상사가 묻기 전에 보고해야 의미가 있다. 상사가 물어본 후 하는 보고는 '시켜서 하는 일'이 된다는 점을 유의해야 한다.

작은 습관을 바꿔가면서 당신은 점차 역량을 인정받게 되고 '능력 있다는 평가'를 이끌어 낼 수 있다. 한 번, 두 번 '이기는 경험'을 해본 사람은 세 번, 네 번의 성공을 경험할 가능성이 커지고 이윽고 상사의 믿음을 얻게 된다. 조직이론가 칼 와익(Karl weick) 미시건대 석좌교수는 1984년 American Psychologist 에 실린 논문을 통해 이렇게 밝힌다.

"한 번의 작은 승리 그 자체는 그다지 중요해 보이지 않는다. 그러나 작지만 중요한 임무를 여러 차례 성공해내면 일종의 패턴이 생겨나기 때문에 결국 동지가 모여들고, 적을 물리칠 수 있게 되며, 이후의 제안에 대한 저항도 낮아지게 된다. (중략) 일단 작은 승리를 달성하면 모종의 힘이 작용하기 시작하여 다음번 작은 승리로 이어지게 된다."

하버드대 경영대학원 테레사 애머빌(Teresa Amabile)교수 역시 직장생활에 가장 큰 영향을 미치는 감정은 앞으로 나아가는 느낌이며 아무리 작고 단순한 승리의 감정이라 할지라도 이는 결정적인 돌파구만큼이나 심리적으로 강력한 영향력을 미친다고 주장했다.

물론 한두 번의 성공이 상사의 믿음으로 이어질 리는 만무하지만, 당장 '믿음'은 아닐지라도 '기대' 정도는 충분히 불러올 수 있다. 당신에게 또 한 번의 성공을 기대하는 상사 그리고 동료. 당신은 주변의 기대를 받는 사람이라는 사실만으로도 '능력 있는 사람'으로 다시 태어날 것이다.

Tip 우리는 작은 변화를 통해서도 스스로에게 유리한 환경을 제공할 수 있다. 이를 통해 주변의 좋은 평가를 이끌어내고 남다른 성과로 이어지는 선순환 궤도에 진입하자.

2-4

'좋은 인상'으로
50%는 먹고 들어간다

내가 속한 부서에서 하는 일이 직원들의 복지와 기업문화 업무이다 보니 사람대하는 법을 아는 팀원들이 많은 편이다. 정보는 정확하게 전하면서 각기 처한 상황에 대해서는 공감을 해주는 세련된 커뮤니케이션 태도를 보고 있자면 후배들이지만 배울게 참 많다는 생각을 하곤 한다.

좋은 인상이라는 말은 남녀 간에 있을 법한 단어로 보이지만 실제로는 직장에서도 중요한 부분을 차지한다. 직장에서도 첫인상이 좋은 사람은 커피라도 한잔 뽑아주고 싶지만 반대로 첫인상이 나쁜 사람은 이유 없이 멀게 느껴지는 법이다. 일상생활이든 직장생활이든 타인에게 좋은 인상을 남기는 기술은 매우 유용하다. 그렇다면 좋은 인상을 남기는 기술에는 어떤 것이 있는지 알아보자.

먼저 복장에 대해서 알아보자. 〈회사가 당신에게 알려주지 않는 50가지 비밀〉의 저자 신시아 샤피로(Cynthia Shapiro)는 저서를 통해 외모가 성공에 미치는 영향에 대해 언급하고 있다. 즉, 회사는 당신의 외모가 당신이 어떤 사람인지를 나타낸다고 생각한다는 것이다. 특히 직장에서의 복장에 대해 살펴보자면 점차 자율복장을 도입하고 있는 추세이지만 착각해서는 안 되는 것이 있다. 자율복장이라고 하여 자유롭게 입는다는 생각은 위험하다는 것이다. 사실, 창의적 인재들로 가득한 이곳 광고대행사에서도 복장으로 '난 창의적이에요'라고 표현하는 사람은 없다. 다만, 자신의 개성을 표현할 수 있는 한 가지 정도의 아이템을 장착하는 편이다. 구두나 반지, 팔찌, 가방 같은 액세서리를 내가 좋아하는 브랜드나 비싸지 않은 희귀템을 들고 다니면서 스스로 만족감을 느끼는 정도이다. 머리끝부터 발끝까지 창의적인(?) 복장을 하는 사람은 없다.

좋은 인상을 남기는 복장은 따로 있지 않지만 깔끔함은 무조건 기본이 되어야 한다. 반드시 옷은 다려 입어야 하고 얼룩이 지면 즉시 세척하라. 복장에 손상이 간 상태를 그냥 두어서는 안 된다. 자신의 이미지는 자신이 얼마나 노력을 기울였는가에 달려있다.

다음으로, 말하는 속도와 목소리이다. 여러 방송매체를 통해 신뢰를 높이는 말투가 화제가 된 적이 있다. 말하는 속도가 빠를수록 말하는 내용에 대한 신뢰도가 높아진다는 것이 그 내용이다. 빨리 말한다는 것은 말하는 내용에 대해 자신감이 있다는 것이고, 그렇다면 사실에 가까울 가능성이 높지 않겠냐는 인간의 기본 심리에 따른 결과라 하겠다. 그렇다면 좋은 인상을 남기는 말투는 어떤 특징이 있을까?

위에서도 말했지만 내가 다니고 있는 직장은 광고대행사이다. 광고를 기획하고 제작하여 광고주를 설득해서 최종 수주를 하게 되는 것이 매출을 일으키는 과정이다. 즉, 좋은 아이디어를 준비해서 광고주에게 광고기획 의도와 콘텐츠, 예상 효과까지 설명하고 동의를 얻어내야 하는 그야말로 '설득의 집합체'인 것이다. 어떤 종류의 업종보다도 말을 잘 할 수밖에 없는 사람들이다.

내가 이런 사람들과 수많은 대화를 해오면서 느낀 점은 보통의 사람보다 살짝 빠른 속도로 말을 하고 말투에 힘이 실려 있다는 것이다. 물론 개중에는 지나치게 빠른 속도로 듣는 사람의 혼을 빼놓는 사람도 있지만, 대부분은 차분하되 살짝 빠른 말투이다. 그리고 대화의 핵심을 꿰뚫어서 내용이 옆으로 새지 않게 잡고 가는 모습들이다. 심리학자인 최광선 교수는 대화에 있어 목소리의 중요성을 이렇게 얘기한다.

"실제로 설득에 가장 도움이 되는 목소리는 낮고 굵으면서 좀 빠르게 억양을 넣어 말하는 목소리다. 이런 목소리는 듣는 사람에게 말하는 사람이 '신뢰성과 적극성이 있으며 세련되고, 다른 사람보다 우위에 있다'는 인상을 준다."

이제, 말하는 태도를 보자. 어느 통계에 따르면, 당신의 인상을 결정짓는 요소에 말의 내용은 7%(용모 55%, 음성 38%)에 지나지 않는다고 한다. 넌버벌 요소가 93%라고 하니 말 보다 훨씬 많은 정보가 넌버벌 요소를 통해 전달되는 것이다. 말하는데 웅얼거림이 없고 말투 하나하나가 경쾌하면서 바디랭귀지로 긍정적인 사인을 계속해서 보내는 사람. 우리는 이런 사람에게 매력을 느낀다. 전달하고자 하는 말의 정보도 중요하지만 말투와 몸짓에서 좋은 인상을 남기는 것은 앞으로 이어질 설득 과정에서 미리 이득을 챙기는 행위이다.

우선 상대방의 눈을 바라보면서 적극적으로 리액션하며 경청하고 있다는 사인을 보내자. 경청 사인은 '맞아요', '그렇군요', '아이고 저런…'과 같이 언어적으로 표현하는 방법과 얼굴 표정을 풍부하게 함으로써 시그널을 보낼 수도 있다. 이러한 경청 사인은 말하는 사람에게 '당신의 얘기를 열심히 듣고 있으니 계속 말씀하셔도 돼요'라는 심리적 안정 효과를 부여하게 되어 훗날 상대를 설득하는데 필요한 좋은 인상을 남기는 데 큰 역할을 하게 된다.

계속해서 '눈'에 대해 좀 더 알아보자. 흔히 '눈은 마음의 창이다'라는 말을 한다. 그만큼 우리의 눈은 우리의 마음을 나타내는 직접적 표현 수단이다. 반대로 말하자면, 누군가의 눈을 통해 이 사람이 지금 관심을 얼마나 가지고 있는지 확인할 수 있다. 일반적으로 눈동자는 관심 있는 것이나 흥미 있는 것을 볼 때는 커지지만, 보고 싶지 않은 것을 볼 때는 작아진다. 그래서 관심 있는 대화 상대나 주제가 나타나면 눈동자가 커지고, 빛이 반사되어 빛나 보이는 것이다.

'언제 남성이 매력적으로 보이는가'라는 설문에 대다수의 여성은 '일에 몰입하거나 스포츠로 승부를 다툴 때'라는 답변이 가장 많았다고 한다. 즉 무언가에 집중해서 눈동자가 빛나고 있는 모습이 가장 매력적이라는 뜻이다. 이는 직장에서 일을 할 때나 대화를 할 때도 마찬가지이다. 즉, 당신이 대화를 나누는 상황이나 상대방에게 흥미를 가지게 되면 당신의 눈동자는 커지게 되고, 그에 따라 더욱 빛나게 된다. 이렇듯, 빛나는 눈동자로 말을 하는 모습은 남녀를 불문하고 상대방에게 훌륭한 인상으로 기억될 수밖에 없다.

눈빛뿐만 아니라 시선 역시 중요하다. 대화를 나눌 때 시선 처리를 어떻게 하느냐에 따라 상대방과의 관계 수준이 결정될 수 있다. 기본적으로 상대방과 시선을 맞추고 대화를 하는 것이 중요하다. 눈을 맞추었을 때와 그렇지 않을 때의 첫인상에 대한 조사 결과, 눈을 맞추고 대화를 하는 사람에 대한 호감도가 월등히 높다고 한다. 반대로 눈을 맞추지 않는 사람에게는 자신을 피하거나 무언가를 숨기는 듯한 느낌을 받게 된다. 하지만, 시선을 맞추는데도 완급조절이 필요하다. 지나치게 오랫동안 상대방의 눈을 응시하는 태도는 오히려 반감을 사게 된다. 보통 7~8초를 넘기지 않아야 한다고 한다. 적절한 시선처리는 대화의 기본 매너 중 하나라는 점을 기억하자.

지금까지 좋은 인상을 남기는 여러 가지 기술을 언급했지만, 무엇보다 기본이 되는 것은 사람에 대한 '바른 생각'에서 좋은 인상이 나오게 된다는 점이다. 흔히 좋은 인상을 남기는 사람들의 특징이 본인들은 좋은 인상을 어떻게 남기는지 정확히 모르고 설명하기도 어렵다고들 한다. 즉, 평소에 가지고 있는 바른 가치관에서 자연히 발현된 일종의 사회적 행동패턴이라고 이해하는 것이 정확하겠다. 본인들도 잘 모르는 좋은 인상의 요소를 위에 정리해놓았으니 만약 당신이 좋은 인상에 대한 관심이 있다면 다시 한 번 정독해서 체득해보자. 그리고 당신이 상대하는 사람에게 최선을 다해 좋은 인상을 남겨보자. 생각보다 당신의 편이 많아짐을 느낄 수 있을 것이다.

 복장, 말투, 말하는 태도, 눈빛 등 우리의 인상을 결정하는 요소들을 인지하고 연습을 통해 개발하라. 당신이 무슨 일을 하든지 좋은 인상은 성공의 필수 요소이다.

야근 많이 한다고
일 잘하는 게 아니거든

2016년 3월, 대한상공회의소와 맥킨지앤컴퍼니가 손잡고 당시 국내기업 100개사, 임직원 4만여 명을 대상으로 실시한 조사를 통해 한국기업의 조직 건강도와 기업문화 진단보고서를 발표한 적이 있다. 이 보고서에 따르면 우리나라의 회사원들은 '잦은 야근', '불필요하고 많은 시간이 소요되는 회의', '형식적이거나 과도한 보고' 등 업무비효율에 가장 큰 고통을 겪는 것으로 드러났다.

'일과를 관찰한 결과, 상습적으로 야근하는 A대리는 하루 평균 11시간 30분을 근무했고, 나머지 직원들은 하루 9시간 50분을 일했다. 그러나 A대리의 생산성은 45%로 다른 직원들(57%)보다 더 낮았다. 생산적인 업무시간도 A대리보다 다른 직원들이 더 많은 것으로 분석됐다.'

저녁까지 바쳐가며 더 많이 일한 A대리가 더 생산성이 떨어진다니, 말 그대로, '야근의 역설'이다. 이렇게 되면 야근을 해야 할 이유가 하나도 없게 된다.

정말 지긋지긋하게 안 바뀌는 야근 문화. 이 야근 문화에 이번 정부가 대대적으로 메스를 대었다. 주 52시간제도. 300인 이상 기업은 2018년 7월부터 근무시간이 주 52시간을 넘길 수 없게 되었다. 경제계는 강력한 우려를 표했고, 경제침체를 경고했다. 하지만 이미 주 52시간 근무제는 도입되어 있으며, 우리가 일하는 방식에 대해 근원적인 질문을 던지고 있다.

하지만 아쉽게도 우리나라 대부분의 기업들은 주 52시간 제도에 대한 대응책으로 여전히 효율적인 업무수행만을 강조하고 있다. 효율성은 input의 개념이기에 기본적인 툴과 룰을 알면 누구나 효율적으로 일할 수 있다. 그에 비해 효과성은 output, 즉 결과의 중요성을 강조하기에 통찰력이 필요하고 일의 핵심을 간파해야 한다. 그러기 위해선 누구와도 협업을 할 수 있어야 하며, 새로운 것을 받아들이는 한 단계 높은 업무역량이 필요한 것이다. 우리는 일의 양으로 승부할 것이 아니라, 우리의 가치를 높이는 일로 회사의 성장을 이끌어낼 수 있음을 증명해야 한다. 그것이 주 52시간 제도로 인한 생산성 저하를 불식시킬 수 있는 키 포인트이다.

넷플릭스의 CEO인 리드 헤이스팅스(Reed Hastings)는 이렇게 말한다.

"절차적인 일은 아무리 잘해도 평균 대비 두 배 정도의 성과를 올리지만, 창의적이고 독창적인 일은 잘하면 평균보다 열 배의 성과를 낸다. 따라서 최고로 창의적인 팀은 그 가치가 엄청나다."

우리는 우리의 가치를 2배가 아닌 10배로 높이기 위해 창의적인 결과물을 고민해야 한다. 결과물의 '남다름'이 각광받는 시대에, 같은 시간을 투여하여 얼마나 많은 일을 했느냐가 아닌, 얼마나 남다른 결과물을 만들어냈느냐가 관건이다. 이는 직종을 불문하고 전 산업분야에 해당된다는 것에 동의할 것이다. 3M의 15%법칙, 구글의 20%룰과 더불어 국내외 많은 기업들이 창의력 경진대회를 열어 '남다른' 생각을 장려하는 모습은 이미 익숙하다. 즉, 시간을 효율적으로 분배하는 것에 그치지 말고, 그 시간에 얼마나 효과(성과)를 낼 수 있는지를 고민해야 한다. '효율'(efficiency)이 '시간' 대비 '양'의 공식이라면, '효과'(effectiveness)는 '가치와 파급력'의 공식이다. 즉, 일의 핵심을 꿰뚫고 남다른 가치를 창출하여 파급력을 가질 때, '효과적으로' 일했다고 표현하는 것이다.

4차 산업혁명 시대에 시간당 얼마나 많은 일을 할 수 있느냐를 따지는 '효율성'은 더 이상 새롭지 못하다. 실제로 효율성을 커버할 수 있는 다양한 툴이 계속해서 개발되고 있고 단순 업무를 줄이고 창의적인 업무, 즉 효과성이 큰 업무에 집중하는 기업문화가 정착되고 있다. 이제 맨아워로 대표되는 효율적 업무 배분이 아닌 결과물의 가치를 측정하여 높은 가치에 보다 많은 시간을 부여하는 효과적인 업무자세가 필요한 것이다.

영국 BBC는 4차 산업혁명 시대에 접어들어 2020년까지 710만개의 일자리가 소멸할 것이며, 지금 일자리의 35%가 20년 내에 전산화(자동화) 될 것이며, 초등학교 입학생의 65%는 현재 존재하지 않는 일자리에서 일하게 될 것이라고 예측했다. 즉, 기존의 좁은 기술영역의 일자리나 단순반복적 일자리는 점차 사라질 것이며 설득력, 팀웍, 협동, 영업력, 감성지능, teaching능력 등의 소프트웨어 스킬을 보유한 자가 우위에 설 것이라고 본 것이다. 일을 얼마나 빨리 하는지는 점점 중요도가 하락한다는 예측이다.

"좀 더 새로운 컨셉이 없을까?"
"이건 너무 뻔해서 별 호응이 없을 듯해"
"이렇게 하면 우리의 메시지가 전달이 될까?"

그렇다면 효과성을 높이는 업무방식은 무엇일까?

표현방식에 힘 쏟기보다 내용의 중요성을 강조하며, 파워포인트 작업을 전면 금지시킨 회사로 현대카드가 있다. 현대카드는 파워포인트 작업과 같은 페이퍼 워킹에 많은 시간을 낭비하고 있다고 판단하여 모든 사내 문서에 파워포인트 작업을 금지시켰다. 이 지침을 어길 경우 해당 부서장에 페널티를 부여하는 등 제도를 강력하게 추진하였다. 그 결과 파워포인트는 자취를 감추게 되었고 보고서의 길이가 짧아지고 회의 시간이 단축되는 등의 조직 문화적 개선과 함께 연간 5천만 장에 달하던 인쇄용지와 잉크 소모가 대폭 줄게 되었다. 무엇보다도 비효율적인 프로세스를 개선함으로써 독창적, 창의적 업무에 집중할 수 있는 시간과 기회를 확보하게 되었다는 점이 가장 고무적이다.

내가 말하고 싶은 점은, 효율성을 버리고 효과성을 택하라는 것이 아니다. 효율성 개선에만 매몰될 것이 아니라 한 발짝 더 나아가 효과성을 극대화하기 위한 절차까지를 프로세스화 하자는 것이다. 위에서도 말했지만, 주 52시간이라는 한정된 시간 안에 '당장 처리해야할 일'이 산적해 있는 상황에서는 아무것도 되지 않는다. 창의적인 아이디어는 '양(Quantity)이 질(Quaility)을 결정한다'는 말이 있듯이 효과성 높은 결과물을 내기 위해서는 충분한 시간이 투여되어야 한다. 우리가 기억하는 아인슈타인의 업적은 상대성이론, 특수 상대성이론이지만 그가 그 외 246편의 논문을 발표했다는 사실은 알지 못한다. 피카소는 '아비뇽의 처녀들', '게르니카' 등 많은 명작을 남겼지만, 그의 작품 수는 드로잉까지 합해 1만 8천 편에 이른다는 것을 아는 사람은 많지 않다. 반복되는 '의문'과 '실험', '실패', 그럼에도 또다시 도전하는 것이 창의성의 본질인 것이다. 하물며, 시간에 쫓겨 하루하루 살아가는 우리 직장인에게 일상에 호기심을 가지고 실험을 하고 실패를 교훈으로 삼으라는 말이 와 닿겠는가? 배부른 소리라고 하지 않겠는가?

다시 우리 책상으로 돌아오자. 천리 길도 한걸음부터다. 내일에서 효과성을 높이는 작업은 업무의 재정의 및 재정리에서 시작해야 한다. 우선, 내가 하는 일을 효율성(시간대비 업무량) 위주의 업무와 효과성(새로운 생각, 파급력 중심) 위주의 업무로 나눠보자. 나는 내 시간을 어떤 일에 더 쏟고 있는가? 그리고 예상치 못하게 치고 들어오는 업무들은 어떤 종류의 것인가? 만약 당신이 업무량 위주에만 목매고 있다면 현실을 개선할 수 있는 '효과성' 높은 업무에까지 욕심을 내보아야 한다. 일단 '효과성'에 대한 부담을 버리자. 현재의 업무방식을 다른 방식으로 처리하도록 프로세스를 개선하는 것도 '효과성' 업무의 한 종류이다. 사실 당신이 가장 설명하기 쉽고 상사에게 인정받을 가능성이 높은 부분은 현재 주어진 업무를 얼마나 다르게 해결했는가이다. 그리고 당신이 차별화되는 지점 역시 바로 그곳에서 탄생한다는 것을 잊어서는 안 된다.

Tip 직장인에게 효율과 효과는 따로 생각할 수 있는 것이 아니다. 효율을 극대화하여 시간을 아끼고, 내 업무에서 새로운 아이디어를 제안할 수 있도록 기회를 만들라.

2-6

강점에 집중하면
정말 강해진다

요즘 오디션 프로그램의 홍수다. 많은 사람들이 알고 있는 '슈퍼스타 K'시리즈부터 '쇼미더머니', '브리튼즈 갓 탤런트' 등등 셀수도 없이 많은 오디션 프로그램이 나오고 있다. 사실 나는 오디션 프로그램을 좋아하는 편이다. 내가 오디션 프로그램을 좋아하는 이유는 외모와 배경에서는 알 수 없는 지원자의 숨겨진 재능을 무대 위에 올라와서야 활짝 펴는 모습이 꽤나 매력적이기 때문이다. 그리고 이런 오디션에 참가하는 사람들의 공통적인 특징이 있다. 자신이 하고 싶은 노래, 춤 등을 지금 비록 생계에 쫓겨 다른 일을 하고 있다하더라도 절대 놓지 않고 끊임없이 갈고 닦는다는 점이다. 자신의 숨겨진 강점을 언젠가 다른 사람 앞에 내놓을 수 있는 기회가 올 거라 생각하고 희망을 가지고 살아간다는 점이다. 특히나 참가자가 귀가 들리지 않는다거나 앞이 보이지 않는 등의 신체적 결함을 가지고도 남들보다 뛰어난 퍼포먼스를 보일 때면 그 감동이 배가 된다.

이와 비슷한 이유로 나는 약팀이 강팀을 이길 때의 짜릿함을 좋아한다. 사실, 팀이 이기는 방식은 개인이 이기는 방식과 다르다. 팀이 이기기 위해서는 역량이 뛰어난 개인들을 모으는 것이 가장 빠른 방법이다. 특히 프로스포츠에서는 그런 이유로 우수한 자원을 영입하기 위한 쟁탈전이 대단하다. 그리하여 뛰어난 인재들로 구성된 팀은 강팀의 조건을 갖추게 된다. 하지만 우리는 약팀이 강팀을 이기는 스토리에 더 열광한다. 이길 수 있는 팀이 이기는 것이 아니라 이길 수 없다고 생각한 팀이 이기는 것에 짜릿함을 느끼는 것이다. 그렇다면 이렇게 이기지 못할 거라 생각했던 2%(또는 훨씬) 모자란 팀이 어떻게 강팀을 이길 수 있는 걸까? 그래서 영화나 드라마로까지 만들어지는 성공스토리에는 어떤 비밀이 숨겨져 있을까?

약팀이 강팀을 이기기 위한 조건은 복잡하지도, 이해하기 어렵지도 않다. 바로 구성원의 강점에 집중하는 것이다. 이것은 회사라는 조직에서도 마찬가지다. 각자가 가진 핸디캡을 보완하기 위해 애쓰기보다 강점에 집중해야 한다. 특히 정상이 아니라 정상을 오르기 위해 고군분투하는 세상의 99% 팀은 모두 강점에 집중해야 한다. (정상에 올라왔고 수성을 해야 하는 상황이면 이제 약점을 보완하기 위해 노력하면 된다)

하나의 팀에서 각자가 가진 강점을 인지하고 그에 맞는 역할을 부여하고 각자의 임무수행이 팀의 승리에 어떻게 기여하는지를 정확히 알게 될 때, 약팀은 강팀을 이길 수 있는 '응집력'이란 것이 생긴다. 응집력은 자신의 팀에 대한 강한 소속감과 구성원 서로간의 신뢰를 바탕으로 할 때 생기는 것이다. 같은 팀으로 모여 있다고 해서 자연스레 생길 거라고 생각했다면 큰 오산이다. 스타플레이어들이 즐비해도 응집력이 없으면 모래알 조직이 되는 것도 같은 이치인 것이다.

그렇다면 당신에게 중요한 것은 당신이 어떤 강점을 가지고 있는지를 알고 어떻게 그것을 키워나가는가 일 것이다. 이건 당신이 리더이든 팀원이든 중요하지 않다. 자신의 강점을 잘 인지하고 그것을 키워나갈 때 팀을 이기게 만드는 사람으로 인정받을 수 있게 된다.

"글쎄, 나는 그다지 강점이라고 부를만한 게 없는 것 같아. 그냥 혼나지 않기 위해 일하는데 뭐."

당신이 자신의 강점을 인지하고 스스로 존중감(자존감이라고 부르기도 한다)을 가질 때 어떤 일이 벌어질까? 심리학자들은 사람의 행복, 능률, 강인함, 감정지능과 사회지능은 모두 자신의 가치를 어떻게 평가하느냐에 달려있다는 것을 밝혀냈다. 즉 스스로를 가치 있는 사람이라고 느낄수록 당신이 하고 있는 일의 능률이 올라가고 그에 따라 자연히 성과도 올라가게 된다. 그리고 당신이 그토록 신경 쓰는 '혼나는 상황'은 점점 줄어들게 된다.

반대로 당신이 당신 스스로의 가치를 낮게 본다면 세상의 누가 당신을 높게 봐줄까? 어불성설이다. 가족이라면 모를까 그런 경우는 없다. 남들에게 인정받고 싶다면 스스로를 먼저 인정해주고 가치 있는 존재로 대접해야 한다는 것을 잊어서는 안 된다.

그렇다면 당신의 강점은 무엇이며 어떻게 찾을 수 있을까? 당신이 남보다 낫다고 평가받는 것, 살면서 당신을 성공으로 이끌었던 것은 무엇인가?

사실 강점을 묻는 이런 종류의 질문은 면접을 볼 때나 듣는 말이다. 그만큼 우리는 살면서 나의 강점에 대해 진지하게 고민하기보다, 항상 모자라고 채워야 할 부분만 바라본다. 그러다보니 내가 무엇을 잘하는지, 무엇을 즐거워하는지 인지하지 못하며 살아가고 있다. 이런 상황에서는 내가 가진 천부적 능력을 알 방법이 없다. 이번에는 당신이 어떤 강점을 가지고 있는지 알아보고 어떻게 키워서 어떻게 드러낼 수 있는지에 대해 얘기해보자.

베스트셀러 〈골든티켓〉의 저자이자 세계에서 가장 영향력 있는 메신저인 브렌든 버처드(Brendon Burchard)가 제안한 자신의 강점을 찾는 방법은 '내가 해낸 적 있는 일' 또는 '내가 공부한 적 있는 일'이라면 당신의 강점이 될 수 있다는 것이다.

"누구든 인생을 살아가면서 다른 사람들보다 뭔가를 먼저, 혹은 뛰어나게 성취한 경험이 있다. 그 과정에서 배운 교훈은 다른 사람들에게 도움이 되며 소중하다는 점을 항상 기억하라."

이것은 직장생활에서도 마찬가지이다. 우리는 항상 상사를 우리가 원하는 대로 설득하기 위해서 애쓴다. 프리젠테이션 능력이 뛰어난 친구는 프리젠테이션 자리를 일부러 만들어 설득한다. 보고서 작성이 뛰어난 친구는 보고서로 승부한다. 상사와 소통을 잘하는 친구는 그를 통해 자신을 어필한다. 살면서 내가 뭘 잘했는지 무엇이 성공을 이끈 요인이었는지 자문해봐야 한다. 자신의 강점을 안다는 것. 이것은 달리 말하면 내가 남들과 차별화되는 나만의 긍정적 요인을 인지한다는 뜻이다. 내가 남과 다른 나의 트레이드 마크, 사람들이 내 이름을 들으면 떠올리는 이미지. 이것이 바로 나를 넘어서 다른 이의 마음에까지 포지셔닝되는 나의 브랜드이다.

'포지셔닝' 개념을 최초로 대중화시킨 마케팅의 전설, 잭 트라우트(Jack Trout)는 개인의 포지셔닝에 대해 이렇게 얘기했다.

"자기 자신은 무엇인가? 삶에서 자기 자신의 포지션은 무엇인가? 당신은 자신의 포지션을 단일 컨셉으로 요약할 수 있는가? 그리고 그 포지션을 확립하고 이용하기 위해 스스로의 경력을 이끌어나갈 수 있는가? (중략) 해볼 가치가 있는 일은 설령 형편없는 결과가 나오더라도 해볼 가치가 있는 것이다. 실패가 두려워 확실한 것 말고는 아예 시도조차 못하는 사람과 몇 차례고 거듭 도전하여 때로 성공을 일구어내는 사람이 있다면, 직장에서 누가 더 높은 평가를 받겠는가?"

나의 의견도 다르지 않다. 당신은 남이 아닌 당신 자신을 위해 충분한 시간을 투자해야 한다. 교육뿐만 아니라 충분한 시간을 들여 스스로에 대해 사색을 하여야 한다. 사색에도 방법이 있다. 처음은 누구나 어려우니 명상의 힘을 빌어도 좋다. 내가 나를 바라보는 시간을 일주일에 한 번이라도 가지는 것이 중요하다. 내 마음이 어떤 상태인지 바라보며, 자신이 성공했던 것을 떠올리거나 가슴벅찼던 순간을 떠올리는 것도 좋다. 짧게라도 스스로를 바라보는 시간을 갖는 것은 중요하다.

토론토대 심리학과 교수이며 이 시대를 대표하는 심리학자로 알려진 조던 피터슨(Jordan B. Peterson)은 저서 〈12가지 인생의 법칙〉에서 다음과 같이 말한다.

"우리는 하루 동안 오백 번의 사소한 결정을 하고 그걸 행동으로 옮긴다. 오백 번의 결정과 행동이 모여 오늘 하루를 만들고, 내일도 모레도 그렇게 만들어진다. (중략) 좋고 나쁨에 대한 판단은 전적으로 나에게 달려 있다. 내일의 내가 어제의 나보다 조금이라도 나아진 면이 있다면, 그것으로 성공이다. 남을 의식할 필요는 없다. 오로지 나만의 기준으로 판단하면 된다. 오늘 어떤 선택을 해야 내일 좀 더 나은 내가 될 수 있을지 그 답은 나만이 알고 있다."

자신이 세상을 위해 가치가 있는 존재라는 사실과 자신의 강점은 동시에 나타난다. 그리고 강점을 알게 되고 키워나갈 수 있게 된다. 이런 뒤에야 당신은 자신이 하고 싶은 일에 과감하게 시도하더라도 실패할 가능성이 줄어든다. 자아존중감을 가진 사람은 자신을 소중히 여기기에 타인도 소중히 여길 수 있는 여유가 있다. 스스로를 존중하는 마음으로 자신의 강점을 키우고 또 타인을 배려하는 모습이 우리가 추구해야할 선이다.

세상을 이기는 방법은 내가 가진 강점을 인지하는 것에서 시작한다. 특별하고 희귀한 것을 찾는 대신, 당신의 경험 중에서 성공했던 것, 희열에 찼던 것을 나열해보라.

일과 상사를 내편으로 만드는
직장인의 작은 습관

일.상.내편

3

상사를 내편으로
만드는 법

상사도 사람이고
상사도 같은 직장인이었다.
그걸 깨달으니 상사를 대하는
태도가 달라졌다.
적극적인 붙임성으로
상사를 내편으로 만들어 갔다.
더 진지하게 듣고
적절한 타이밍에 리액션을 했다.
아부가 아니라
진심으로 공감하고 소통했다.

3-1

능력 있다고
다 승진하는 건 아니다

박차장은 이번에 팀장으로 발령을 받았다. 회계학을 전공하고 숫자에 꼼꼼하여 평소 자신이 맡은 일을 묵묵하게 해왔고 상사와의 트러블도 없었다. 특출난 에이스도 아니었지만 기본적인 리더십을 가진, 딱 중간수준의 직장인이었다. 직원들의 평가도 무난하다는 의견이 다수였다. 평소 박차장과 가까이 지냈지만 그의 인격과 역량에 대해서 의심을 할 만한 사건은 없었기에, 팀장으로서의 역할도 잘 수행할 것이라고 기대했다.

하지만 팀장이 된 이후 박차장에 대한 평가가 흔들리기 시작했다. 팀원들은 팀장이 되기 전과 후가 크게 다르다고 얘기했다. 자신의 일만 묵묵히 잘 해내면 되었던 상황에서, 팀 전체를 이끌고 팀원에게 일 잘 할 수 있는 환경을 만들어주어야 하는 팀장의 상황은 전혀 다른 것이었다. 납기를 맞추지 못하는 팀원을 이해하지 못했고 업무 결과물에 대한 불만족을 수시로 표현했다. 지각하는 직원에게는 인사를 받지 않았으며, 점심식사도 팀원들과 함께 하지 않았다. 결국 박차장은 팀성과를 이끌어내지 못하고 리더로서 팀워크 형성에 문제가 있다는 평가와 함께 다시 팀원으로 강등될 위기에 처하게 된다.

이러한 현상은 무능한 직원이 자신의 능력을 넘어선 자리에 올라가기 때문이라는 '피터의 법칙(Peter principle)'으로 설명할 수 있다. 즉, 팀장 자리에 맞는 사람을 찾기보다, 현재 자리에서 성과를 낸 직원을 높은 자리로 끌어올리기 때문에 발생하는 것이다. 팀원으로서의 역량과 팀장으로서의 역량은 엄연히 다른 것이다.

이렇게 자리에 맞지 않는 사람이 승진을 하게 되는 경우를 보게 되면 우리는 회사의 보임 인사에 대해 의구심을 갖게 된다. '차라리 내가 더 낫겠다'는 생각을 하기도 한다. 하지만 당신이 능력이 있음에도 승진을 하지 못하는 경우가 있다는 것을 아는가? GE의 전회장인 잭 웰치(Jack Welch). 그는 당신이 승진하지 못하는 이유를 4가지로 꼽았다.

첫 번째, 회사에 당신이 승진할 만한 자리가 없기 때문에 승진이 늦어질 수 있다.

다시 말해 당신의 상사가 그 자리에 있기 때문에 당신이 승진을 하지 못하는 것이다. 하지만 당신의 상사는 일도 매우 잘하고, 윗사람에게 능력을 인정받는 사람이고 당신보다 회사에 대한 충성심도 높다. 당분간 그 자리가 날 계획은 없어 보인다. 이런 상황은 주위를 보면 쉽게 찾을 수 있을 정도로 비일비재하다. 하지만 이런 상황이 생기는 이유는 당신이나 상사의 잘못이 아니다. 문제는 회사의 성장이 더뎌진 것이다. 회사가 일정 규모 이상으로 커지지 못할 때, 더 많은 포지션을 만들어내지 못한다. 이런 상황에서는 승진을 하기 어렵게 되는 것이다. 다만, 포지션이 생긴다고 한들 당신이 정말 승진할 지는 별개다. 스스로 냉철하게 판단해 봐야 한다. 당신이 그동안 받아왔던 평가 결과에 비추어볼 때 당신이 승진할 가능성이 있을지, 당신 평판은 승진 결정에 유리하게 작용할 만큼 우호적인지, 당신 상사는 여러 승진 경쟁자 중 당신을 선택할 가능성이 높은지, 이런 것들을 종합적으로 판단해야 한다.

두 번째, 당신의 업무에 대한 전문지식이 충분하지 못한 경우다.

회사의 다양한 업무를 경험하여 업무 스펙트럼을 넓히는 방법으로 순환근무제도가 있다. 특히 공무원의 경우 비리 근절을 위해 2~3년 단위로 주기적으로 업무를 변경하고 있기도 하다. 순환근무제도는 다양한 업무를 경험하여 회사를 보는 눈을 키우는데 분명 도움이 된다. 하지만 업무의 전문성을 보장하지는 않는다는 것을 알아야 한다. 당신이 승진을 하기 위해서는 특정 분야에 전문가로 인정받을 수 있을 정도의 집중력이 필요하다. 그래서 비록 당신이 여러 업무를 경험하고 있다 하더라도 그 중에서도 특출난 부분이 있어야 한다는 뜻이다. 당신의 여러 업무 중에 전문가로 충분히 인정받을 만한 분야를 선택해서 집중 관리하자. 업무뿐만 아니라, 커리어 관리에도 선택과 집중은 필요하다.

세 번째, 당신의 태도다.

상사를 경멸하고 혐오하는 직원은 당연히 승진의 대상이 되지 못한다. 재밌는 것은 상사를 혐오하는 대부분의 직원이 정작 본인이 그런 사람이란 것을 모르는 경우가 많다는 것이다. 장담컨대, 아무리 똑똑하고 특출 나더라도 이러한 직원에게는 어떠한 상사도 기회를 주지 않을 것이다. 직장에서 한 직원이 조직에 얼마나 적응하고 본인의 역량을 유감없이 발휘하는지는 '직속 상사'에게 달려있다. 즉, 부하에게 '기회'를 주는지 여부, 부하의 기량 발전을 뒷받침해주고 응원해주는지 여부가 개인 성장에 가장 큰 영향을 미친다는 뜻이다. 만일 당신의 상사가 당신에게 성장의 기회를 주지 않는다고 느껴지면 미래에 대한 걱정을 심각하게 해 볼 필요가 있다.

네 번째, 성과미달이다.

1장에서도 언급했지만, 열심히 일하는 것이 중요한 게 아니라 특별한 성과를 거두지 못한 당신의 경력이 발목을 잡는다. 잭 웰치는 '큰 사람'이라고 하여 일을 다루는 폭과 깊이가 큰 사람이 당신의 상사가 바라는 모습이라고 정의하고 있다. 주어진 일에서 플러스알파를 붙여 성과의 깊이를 더해보자. 자신의 일에만 한정해서 생각해서는 안 되고 '큰 사람'으로서 상사의 신뢰를 쌓을 때 승진의 가능성도 높아진다.

그렇다면 위의 네 가지 상황에 당신이 해당된다고 생각할 경우, 이 난국을 헤치고 판세를 뒤집을 수 있는 방법이 무엇일까? 당신에게는 2가지 선택지가 있다. 하나는 이곳을 떠나서 새로운 둥지를 찾는 것이고, 다른 하나는 프로세스에 대한 이해도가 높고 네트워크를 쌓아올린 이곳에서 승부를 보는 것이다.

새로운 둥지를 찾는 것은 당신이 이곳에서 가지고 있는 혜택을 포기하고 새롭게 시작한다는 뜻이기에 더 해줄 말이 없다. 다만, 좀 더 좋은 조건으로, 평소 원하던 곳으로 이직하기 위해서는 지금 이곳에서 좋은 레퍼런스를 쌓아야 한다는 점을 잊어서는 안 된다. 요즘 시대에 레퍼런스 체크는 기본이다.

다음은 이곳에서의 승부 방법이다. 이를 위한 대표적인 액션 플랜을 달라고 한다면 '힘든 과제 자진해서 맡기'를 추천하고 싶다. 즉, 당신에게 판세를 가져올 수 있는 방법은 상사의 '기대수준'을 넘어서는 것이다. 하지만, 기대수준을 넘어서는 성과를 내기 위해서는 기존의 업무로는 불가능하다. 새로운 업무, 리스크가 크지만 리턴도 큰 업무를 자진해서 맡는 것이다.

능력 있다고 다 승진하는 것은 아니다. 당신의 경력에 스토리를 더해야 한다. 상당수의 스타플레이어들은 상사와 '힘든 과제 자진해서 맡기'라는 딜을 통해 성공한 경우가 많다. 혹여 실패한다 해도 걱정하지마라. '힘든 과제'는 도전했다는 사실만으로도 당신의 커리어에 훌륭한 스토리가 된다. 타 회사에서도 그 '힘든 과제'를 탐내고 있었다면 한번 실패해서 어떤 부분이 중요한지를 알고 있는 인재가 매력적일 것이다. 에베레스트를 오를 때도 매번 등반에 성공한 셰르파보다 중도실패를 겪어본 셰르파를 더 인정해준다. 세상은 가지려고 하는 자의 몫이니, 주춤하지 말고 도전해보라. 잃는 것보다 얻는 것이 훨씬 더 많을 것이다.

당신이 승진하지 못한다고 하여 무능한 것은 아니다. 상황이 당신에게 호의적이지 않다면 '힘든 과제 자진해서 맡기'는 도전해 볼만한 가치가 있는 타계법이다.

3-2

때로는 허세도
필요하다

"어렵지 않습니다."

업무를 받을 때 내가 자주하는 말이다. 그러면 상사는 웃으면서 '넌 매번 어렵지 않다고 그러냐'면서도 내심 만족스러운 표정이다. 실제로 업무가 어렵지 않기 때문에 어렵지 않다고 말하는 경우도 있지만, 의식적으로 말하는 경우가 더 많다. 이렇게 확실하지도 않으면서 떠들어대는 모습이 허풍떠는 걸로 보이지 않겠냐고? 당신이 상사에게 보여줄 것에는 완성된 보고서만 있는 게 아니라 자신의 일에 확신을 가지고 성공시키겠다는 당신의 리액션도 포함된다. 이번 장에서는 당신의 몇 마디 말로 상사의 성공 기대를 높이고 실제로 당신의 성공 가능성이 높아지는 방법에 대해서 알아보자.

해낼 수 있다는 높은 기대치를 갖는 것이 결과에 어떤 영향을 미칠까? 미국의 심리학자 베리 슐렝커(Baary Schlenker)와 마크 리어리(Mark Leary)가 수행한 실험을 통해 기대치가 실제 성과에 미치는 영향을 확인할 수 있다.

피실험자로 선택된 자들은 특정 과제를 수행하게끔 지시받는다. 다만 과제를 부여받기 전 피실험자들은 자신이 기대하는 기대치 점수를 기재하게 된다. 그리고 실제 과제수행 후 점수를 측정했다. 기대치가 매우 좋은 사람부터 매우 나쁜 사람까지 5단계로 그룹핑하였고 각 그룹별 실제 성과를 비교한 결과, 사전 기대치가 높은 그룹의 실제 성과점수가 기대치가 낮은 그룹보다 모든 면에서 우수하게 나왔다. 심지어 최악의 성과를 거둔 경우에도 사전 기대치가 높은 그룹의 점수가 낮은 그룹보다 2배 가까이 높게 측정된 것이다.

그러니 어떤 업무를 부여받고 시작하기 전에는 반드시 긍정적인 결과를 기대하고 이야기하라. 당신의 긍정적 자세는 당신 스스로의 성공가능성을 높이는 출발선과 같다는 것을 명심해야 한다.

뮌헨 비즈니스 스쿨 교수이자 세계적 협상전문가인 잭 내셔(Jack Nasher)는 저서 〈어떻게 능력을 보여줄 것인가〉를 통해 보여지는 능력에 대한 중요성을 언급한다.

"인간은 보편적으로 자기가 들은 말을 믿는다는 것, 그리고 그런 자신의 태도를 수정하지 않으려고 무의식적으로 부단히 노력한다는 사실이다. 따라서 보이는 능력을 높이고자 하는 당신에게 추천하는 행동은 극히 단순한 것이다. 상대방에게 당신이 이 분야에서 뛰어난 능력을 가진 사람이라고 분명하게 말하고 당신에게 맡겨진 과제에 자신감을 보여라. 그러면 사람들은 당신의 말을 믿고, 또 그 인상을 굳건히 확인하게 될 것이다."

물론 당신은 겸손한 태도로 자신의 이미지를 편하게 만들어 동료들과 어울릴 줄 알아야 한다. 헌데 겸손에도 스킬이 필요하다는 사실을 아는 사람은 많지 않다. 우리가 들어오고 느껴온 '겸손'의 방법은 남 앞에서 자신을 낮추는 것으로만 알고 있지만 그렇게만 해서는 나의 능력을 몰라주는 주변 사람에게 속상함만 늘어날 뿐이다. '허세'와 '겸손'이라는 상반된 두 단어를 놓고 어떻게 조화시킬 것인가? 진정한 프로는 자신의 핵심능력과 소통능력을 구분하고 '겸손'은 소통에 있어서만 적용하도록 둔다. 즉, 당신이 가지고 있는 핵심능력에 대해 자기 파괴적 겸손으로 의구심을 들게 해서는 안된다.

A : "이번 프로젝트는 제가 이제껏 해왔던 업무이지만 그동안 사실 운이 좋았습니다."

B : "이번 프로젝트는 제가 잘 알고 있는 분야입니다. 그간의 데이터와 근래 보도자료를 기반으로 이전보다 한층 더 완성도를 높여보겠습니다."

어떤 멘트가 신뢰감을 부여하는가? A의 경우 자신의 핵심능력에 겸손을 입혀 흔히들 말하는 '운이 좋았다'는 표현을 했다. 운이 좋았다는 말은 프로젝트가 완료된 후 쫑파티에서나 할 법한 멘트다. 당신이 컨트롤할 수 없는 요소가 성패를 결정지었다는 인상을 줄 필요는 전혀 없다는 것이다.

반면 B의 경우를 보자. '잘 알고 있는 분야'라는 어휘로 당신이 프로젝트를 성공시킬 핵심능력을 보유하고 있다는 인상을 주고 있다. 그리고 자칫 허세로 넘어가지 않도록 예전과 달라질 수 있는 상황에 대한 대처방법으로 '근래 데이터를 추가 보완하겠다.'는 구체적 추진 방안에 대한 간략한 언급도 빠트리지 않았다. 당신이 어떻게 표현하느냐에 따라서 시작부터가 달라진다.

때로는 허세도 필요하다는 또 다른 이유가 있다. 자신의 일을 충분히 해낼 수 있는 능력을 지닌 사람으로 자리매김하게 되며 일을 침착하게 처리한다는 인상을 줄 수 있다. 당신이 지금 맡은 일조차 감당하지 못하고 버거워하는 듯한 모습을 보이게 되면 회사는 당신에게 더 중요한 직책을 맡기지 않는다. 더 인정받고 더 위로 올라가고 싶다면 지금 맡겨진 일은 당신에게 그리 어렵지 않고 탁월하게 해낼 수 있다는 인식을 주어야 한다. 만약 실제 결과가 실패에 가깝다 하더라도 긍정적 이미지를 부여한 경우가 그렇지 못한 경우보다 문책의 가능성이 적다. 처음부터 불안해하는 모습을 보여줄 경우 실패라는 결과를 당연하게 받아들일 수밖에 없다.

이와 관련하여 '확증 편향'(Confirmation bias)이라는 심리학 용어를 들어 설명할 수 있다. 확증 편향이란 자신의 신념과 일치하는 정보는 받아들이고 일치하지 않는 정보는 무시하는 경향을 뜻한다. 즉, 보고 싶은 대로 보고, 믿고 싶은 대로 믿는다는 말이다. 인간은 무의식적으로, 자신이 예측한 내용과 어울리는 정보들을 선택적으로 받아들인다. 즉 처음부터 자신이 믿고 있는 부분을 다시 한 번 확인하기 위해 정보를 취사선택 한다는 것이다. 이 중에는 다른 이가 해주는 말도 포함된다. 그러므로 프로젝트 첫 시작 때 어떤 정보를 제공하느냐에 따라 그 결과에 대한 해석도 달라지게 된다는 것이다. 당신이 어떻게 시작했느냐에 따라 실패하고도 그럴만한 이유가 있었을 것이라고 해석할 수 있고, 성공하고도 이번에도 운이 좋아서였다고 해석할 수도 있는 것이다.

그렇다면, 회사라는 조직에서 당신의 보이는 능력을 높이기 위한 가장 간결하지만 강력한 방법은 무엇일까? 바로 당신이 상사로부터 받게 될 당신의 핵심 업무에 대한 몇 가지 질문에 대한 답을 미리 준비하는 것이다. 비단 보고받는 자리가 아닐지라도 상사는 지금 어떤 일이 진행 중인지에 대한 질문을 할 수 있다. 이럴 때 망설임 없이 그리고 막힘없이 준비한 답변을 한다면 당신의 업무능력에 대한 상사의 기대치는 높아질 수밖에 없다. 반대로 현재 어떤 일이 중요한지 얼버무리고 한참 걸려 대답을 한다면 당신이 진행 중인 업무에 대해 상사의 우려는 점점 커지게 된다. 이건 너무도 자명한 사실이고 주변에서 쉽게 볼 수 있는 모습이기도 하다.

사람은 가장 훌륭한 논리를 가진 사람이 아니라 가장 큰 확신을 가진 사람에게 설득된다고 한다. 당신 스스로 당신에게 확신을 가져야 한다. '난 이 일을 해낼 수 없을듯 해'라고 하며 스스로 패배의 결과를 그리고 있지는 않은가? 말하는 대로 생각하는 대로 이루어지는 법이다. MIT를 비롯한 유수의 대학에서는 마음가짐이 현실을 어떻게 바꾸는지를 '양자물리학'이라는 학문으로 증명해내고 있다. 일의 성공과 실패는 당신이 어떤 마음으로 시작하느냐와 주변에서 당신에게 얼마만큼의 기대를 가지고 있느냐에 달려있다고 해도 과언이 아닌 것이다.

착하게만 살아온 당신에게 능력을 넘어서는 '허세'를 내보이는 것이 불편할 수 있다. 하지만 당신은 업무역량뿐만 아니라 확신에 찬 모습과 긍정적인 태도로 무장해야 한다. 확신에 찬 리액션을 허세라고 읽는다면 때론 허세도 필요하다. 그리고 실행하는 과정에서 부족한 부분을 노력으로 극복하는 인간적인 매력을 보여준다면 상사를 내편으로 만드는 것은 절대 어렵지 않다는 것을 말해주고 싶다.

 당신 스스로 당신에게 확신을 가져야 한다. 일부러라도 확신을 가져라.
일의 성패는 일을 처음 접할 때의 당신의 자세에서 판가름 난다는 사실
을 명심해야 한다.

붙임성도
능력이다

사람들이 당신에게 붙임성이 있다고 한다면 당신은 스스로에게 박수를 쳐 줘야 한다. 왜냐하면 붙임성은 커뮤니케이션이 대부분인 사회생활에서 빛을 발할 수 있는 매우 큰 능력이며, 특히 상사와 관계에 있어서 붙임성이 발휘된다면 더할 나위가 없기 때문이다. 상사와 긴밀한 관계를 유지한다는 것은 단순한 의미로 '친하다'는 개념이 아니라 내 일에 있어 상당히 많은 시간을 절약할 수 있다는 뜻이며 그로 인해 일 잘하는 직원으로 인정받고 더 많은 성과를 낼 수 있게 된다.

예를 들어, 도화지에다 하늘을 그려보라는 과제를 받았다고 치자. 그냥 하늘색을 칠하면 되지 않냐고 생각할 수도 있겠지만 저녁이나 밤의 하늘은 하늘색이 아니다. 언제 시점의 하늘인지, 구름은 있는지를 결정해야 한다. 게다가 하늘색을 채도와 명도로 나누어 디테일하게 따지기 시작한다면 수백 가지 하늘색이 있고 당신 상사가 생각하는 하늘색을 맞힐 가능성은 점점 더 희박해진다. 상사가 생각하고 있는 하늘이 무엇인지 알아야 당신이 투여한 시간이 헛수고로 날아가지 않는 법이다. 우리가 회사에서 하는 일은 자연법칙을 구하는 '순수과학'이 아니라 현 상황에서 가장 나은 답을 찾는 '사회과학'이다. 따라서 일의 종결을 결정하는 상사가 어떤 생각을 하고 있는지 어떤 스타일인지는 내 직장생활에 큰 영향을 미치게 된다.

그러면 당신은 이렇게 말할 것이다. 과제 받는 시점에 명확한 디렉션을 줘야하는 거 아니냐고. 여기서, '명확한 디렉션'의 정도가 중요하다. 지시 내용을 토씨하나 틀리지 않고 그대로 반영하였다고 하여 일을 잘했다고 평가받는 경우는 드물다. 상사로부터의 지시는 내용(content) 뿐만 아니라 맥락(context)도 중요하기 때문이다. 또한 일의 처음부터 끝까지 고민할 필요 없이 디테일하게 지시해주는 건 양날의 검이다. 업무를 정확히 수행할 수 있다는 장점이 있는 반면, 당신의 능력을 차별화할 기회가 없어질 수도 있다. 시키는 대로만 수행하는데 당신만의 기획력이나 고민의 흔적을 보여줄 기회가 어디 있겠는가. 시키는 대로만 하는 것은 누구나 할 수 있다. 그리고 결정적으로 당신의 상사는 당신을 붙잡고 하나하나 가르쳐 줄 시간과 여력이 없다. 상사가 본인이 원하는 방향을 얘기해주면 그나마 다행인 것이 현실이다. 이런 상황에서 상사의 원하는 바를 읽고 중간에 확인해가며 의견을 받을 수 있는 원천이 상사와의 관계다.

세계적인 베스트셀러인 〈카네기 인간관계론〉의 저자 데일 카네기는 이렇게 얘기했다.

"높은 지위에 있는 사람에게 인정을 받는 것은 청년으로서 인생의 투쟁에서 이미 승리를 거둔 것이라고 말해도 좋을 것이다. 젊은 사람은 모두 자기 일의 영역을 넘어서 무엇인가 큰 것을 지향해야 한다. 그러므로 지금부터라도 상사의 눈에 띄는 일을 시작하라."

흔히 붙임성을 아부로 착각하는 경우가 있다. 상사에게 온전히 마음을 연다는 측면에서 붙임성과 아부가 헷갈릴 수도 있다. 하지만 상사에게 마음을 열고 그를 멘토로 삼는 것이 붙임성이라면, 아부는 따르는 행동과 내면의 목적이 다르다는 점에서 불온하다고 볼 수 있다.

내가 첫 직장생활을 시작했을 때, 나는 지방에서 올라온 터라 모든 게 낯설었다. 직장생활이라곤 해본 적이 없었기에 아예 백지상태였던 것이다. 나는 모든 것을 새로 배워야 했다.

다행히 나의 직속 상사는 열정적인 분이었다. 자신이 알고 있는 모든 것을 나에게 전달해주려고 하였고, 나는 그분의 모든 것을 스펀지처럼 흡수했다. 그분의 업무방식은 기본이고 상사를 대하는 태도, 사람들과 만나서 하는 얘기, 심지어 전화 받는 말투까지 따라했다. 전화를 세련되게 받는 법까지 따라하게 되니, 신입사원답지 않게 사람대하는 것이 노련하다는 평가로 이어지게 되었다.

나의 상사는 내가 본인의 모든 부분을 관찰하고 따라한다는 것을 알게 되면서 더욱 나에게 친근함을 표시해줬다. 자신을 아이돌처럼 믿고 따르니 어찌 기분이 안 좋을 수가 있겠는가. 비단 업무시간 뿐만 아니라 회사 밖에서도 많은 시간을 함께 보냈다. 둘 다 싱글이었기에 가능했겠지만, 오히려 내가 상사와 함께 하기를 원했었다. 꽤 많은 술자리를 함께 했고 그분의 과거, 현재, 그리고 생각하고 있는 비전을 공유했다. 나의 입장에서는 10년 후 내 모습이라 생각하니 그분의 모든 게 궁금할 수밖에 없었다. 주말에 등산을 하고 도서관을 함께 가고 서울 곳곳을 함께 다니면서 많은 얘기를 들을 수 있었다. 비록 11살 차이였지만 상하관계가 아니라 친구처럼 허물없이 나를 대해줬고 나 역시 나의 속내를 완전히 드러낼 수 있는 영혼의 파트너가 되었다. 이렇게 상사와 함께 하니 나에게 많은 기회가 다가왔다. 국제 컨퍼런스, 대외 협상 테이블에 동석하게 되었고, 해외출장, 경영진 식사 자리에도 참석하는 등 '사원'으로서 경험할 수 없는 여러 가지 특혜를 받게 된 것이다.

　　이러한 과정 속에서 나는 내가 성공하기를 원한다면 상사를 먼저 성공시키면 된다는 법을 깨달았다. 당시 나는 사원으로서 내가 할 수 있는 모든 일을 다 했다. 어떻게든 상사를 승진시키고 싶다는 순수한 마음으로 일에 집중했다. 사원 입장에서 비록 기획력은 떨어졌지만 타부서 사람들과 친밀한 관계를 유지해서 협조를 잘 이끌어냈고, 손발이 필요한 일은 가장 먼저 나섰다. 하나하나 언급하긴 어렵지만, 이루 헤아릴 수 없는 노력의 결과, 결국 상사는 특진을 거듭했고, 나 역시 2년 특진이라는 달콤한 열매를 받아들게 되었다. 극강의 붙임성으로 나는 그분의 신뢰를 완전히 얻고 큰 성과를 맛보게 된 것이다.

성공한 투자가이자 이 시대 가장 혁신적인 아이콘으로 평가받으며 집필한 네 권의 책을 모두 뉴욕타임스와 아마존 베스트셀러 1위에 올려놓은 팀 페리스(Tim Ferris). 그는 밀리언셀링을 기록 중인 저서 〈타이탄의 도구들(Tools of Titans)〉에서 다음과 같이 말한다.

"첫 직장을 얻거나 새로운 조직에 들어갔을 때는 자발적으로 안테암불로(로마제국 당시 후원자에게 지원을 받는 대신 그를 위해 길을 터주고 메시지를 전달하고, 심부름을 해주는 등의 편의를 도모하는 역할을 했던 예술가를 일컫는 말)가 되어야 한다. 이것이 내가 만난 모든 성공자의 공통된 조언이다. 무작정 다른 사람에게 복종하고 아첨을 하라는 것이 아니다. 그저 다른 사람들이 잘 될 수 있는 도움을 자발적으로 제공하라는 것이다. 다른 이들이 그림을 그릴 수 있는 '캔버스'를 마련해주라는 뜻이다. 내 위에 있는 사람들을 위해 길을 열어주는 것이 곧 나를 위한 길을 만들어가는 것임을 명심해야 한다."

상사를 자신의 멘토로 삼아 보자. 굳이 TV에 나오는 유명강사, CEO, 작가들을 멘토로 삼을 필요가 있는가? 그들은 당신에 대해 전혀 모르지 않나? 당신의 생각과 입장, 그리고 나름의 철학을 잘 알고 있는 당신의 상사가 멘토가 되는 것이 더 효과적이지 않겠는가? 멘토는 피드백을 줄 수 있어야 멘토 자격이 있는 법이다.

근래, 멘토링과 관련해서 효과가 있다, 혹은 없다는 연구결과가 다양하게 쏟아지고 있는 것이 사실이다. 한가지 명확한 것은 직장에서 공식적으로 정해준 멘토링만으로는 효과를 얻을 수 없다는 것이며, 멘토와 멘티가 자발적으로 관계를 형성하고 개인적인 유대관계를 가지게 될 때 멘티의 미래 수입, 승진, 업무 만족도와 자존감 상승, 스트레스 해소 등에 있어 높은 성장수치를 보였다는 것이다. 즉, 자신이 기꺼이 멘토의 경험과 조언에 귀 기울일 때 비로소 아이작 뉴턴이 말한 '거인의 어깨 위에 올라서는' 효과를 보게 된다는 점이다.

상사는 당신의 미래를 먼저 살고 있는 사람이다. 당연히 당신이 배울 점이 많을 수밖에 없다. 당신보다 더 많이 실패해봤고 또 성공해 본 사람이다. 그래서 당신이 하는 일이 어떤 상황이고, 또 당신이 어떤 생각을 하는지 미루어 짐작할 수 있는 사람이다. 비록 예측불가능의 시대라고 하지만 사람의 본질은 변하지 않는다. 당신의 혼란스러운 마음을 충분히 공감해주고 어루만져 줄 수 있는 사람이다.

물론, 상사에게 마음을 연다는 것은 확실히 용기가 필요한 행동이다. 상사가 나와 다르다는 현실만 재확인한 채 상처만 남을 수도 있다. 하지만 상사가 내편이 아닌 상황에서 당신이 택할 수 있는 선택은 많지 않다. 하루하루가 고달프고, 회사 가기 싫어서 이불 속에서 몸서리를 치는 경험들을 한 번씩은 했을 것이다. 나를 믿어주고 밀어주는 것이 아니라 억압하고 제약하는 것만 같다는 생각에 사표를 던지는 상상만 하고 있는 현실이 답답할 뿐이다.

취업포털 커리어에서 직장인을 대상으로 한 설문에서 직장생활 중 불행하다고 생각되는 순간 1위에 '출근하는 아침마다'(33.2%)라고 답했다. 뒤를 이어 '월급명세서를 볼 때'(20%), '열심히 해도 성과가 나타나지 않을 때'(18.3%) 순으로 답했다. '출근하는 아침마다'라는 답변에 피식 웃음이 나왔지만 이게 현실이다.

하지만 만약 매일 보는 상사가 내편이라고 한다면 설문 답변은 좀 달라지지 않았을까? 직장생활에서 상사는 피할 수 없는 현실이기에 좀 더 용기를 가지고 상황을 변화시킬 필요가 있다. 상사가 내편이 되었을 때 가지게 되는 다양한 긍정적 효과들을 생각해 볼 때, 지금 당신이 가진 붙임성으로 상사와 새로운 관계를 만들기 위해 노력해 볼 가치는 충분하다고 보여진다.

붙임성은 아부와 다르다. 상사에게 마음을 열고 다가서 보라. 상사는 당신의 업무에 큰 영향을 미치는 것은 물론이거니와, 당신의 미래를 먼저 살고 있는 사람이니 충분히 다가설만한 가치가 있다.

3-4

적극적인 듣기가
신뢰를 형성한다

어느 통계에 따르면, 사람은 깨어있는 동안 시간의 10%를 '쓰는' 데에, 15%를 '읽는' 데에, 30%를 '말하는' 데에, 45%를 '듣는' 데에 쓴다고 한다. 그리고 성공한 사람일수록 듣기에 더욱 많은 시간을 할애하여 55%를 넘긴다고 하니, 잘 들어주는 기술을 가진다는 것이 얼마나 중요한지 알 수 있다. 실제로, 말하는 사람은 듣는 사람이 어떤 반응을 보이고 어떻게 받아주느냐에 따라 더욱 신이 나서 얘기하게 되거나 더 이상 말을 하지 않고 흥미를 잃어버리게 되기도 한다. 이 말인 즉, 듣는 사람이 말하는 사람을 조종한다는 뜻으로도 해석할 수 있다는 것이다.

직종에 따라 차이는 있겠지만, 직장에서 우리는 하루에 수백 번의 듣기와 말하기를 반복한다. 그 중에는 동료와의 일반적인 대화도 있겠으나, 정작 하루의 컨디션과 기분을 좌지우지 하는 것은 상사와의 대화이다. 상사가 어떻게 말하고, 어떻게 들어주느냐에 따라 당신의 업무전투력은 급상승과 급하강을 오간다.

그렇다면, 직장 상사와의 일상적 대화에서는 어떻게 반응해야 할까? 상사와의 관계는 일반적인 친분관계가 아니므로 어떻게 반응을 해야 할 지 애매할 때가 있다. 무조건적으로 호응을 하게 되면 실속 없는 놈으로 보일까 걱정이고, 반응을 안보이면 경청하지 않는다는 뜻으로 보일수도 있으니 말이다.

혹자는 이러한 고민, 즉, 직장 상사에게 자신의 감정을 소비해가며 맞장구쳐주고 호응해주는 건 전근대적인 유교사상이라는 논리를 펴기도 한다. 회사에서 왜 감정적인 소비를 해야 하냐고, 업무처리만 명확하면 되는 거 아니냐고. 정말 그럴까?

대화에서 호응의 문화는 오히려 서구사회에서 더 발달했다. 엘리베이터를 타거나, 앞사람을 지나갈 때, 자기도 모르게 통행에 불편을 줬다 싶으면 누구에게라도 'sorry'가 언제든지 튀어나오며, 길을 걷다보면 그야말로 온통 'sorry'와 'thank you' 투성이다. 우리나라의 경우는 호응과 표현을 하지 않아서 문제인 경우가 많지, 대화 상대방이 상사이기에 호응해주는 모습을 바라는 것이 유교적이라고 치부하는 것은 지나친 비약이다. 아마도 상사의 질책을 면하기 위해 평소에 좋은 관계를 유지하고자 감정소비를 한다고 해석하는 듯한데, 미안하지만 그런 경우는 서구사회 역시 다르지 않다. 차이가 있다면 서구사회는 개인의 역량이 부족한 경우 '버스에서 내리게 하는 문화'인지라 쿨하게 서로가 잡은 손을 놓는 것이라면, 우리는 살아남기 위해서 '한 배를 탔다'고 생각하기에 좀 더 유대감이 강조되는 정도라 하겠다.

　중요한 것은 우리는 내일도 상사를 만나고, 현실에서 행복해지고 싶다는 것이다. 상사를 내편으로 만들어서 내가 하는 말에 힘을 싣고 싶고, 좋은 평가도 받고 싶다. 우리 모두는 '아닌 척' 하지만 좋은 평가 점수 앞에서 기분 좋은 것은 어쩔 수 없다.

　그렇다면, 상사와의 대화에서 적극적인 경청의 메시지를 보내는 방법에는 무엇이 있을까? 크게 맞장구, 몸짓 그리고 메모로 나누어볼 수 있다. 맞장구는 말하는 사람을 신나게 하는 비타민 같은 역할을 한다. "그래요?", "그렇군요", "놀라운데요?" 등의 맞장구 멘트는 대화를 한결 유연하게 만들고 말하는 이로 하여금 흥미를 끌어올리게 된다. 그리고 당신은 맞장구를 하는데 큰 기술을 필요로 하지 않는다. 약간의 표정과 짧은 문장만 있으면 된다. 위의 예시는 3~5글자이니 더 이상 복잡할 필요도 없다. 앞에서 얘기하는 상사에게 집중하라. 그리고 대충이 아닌 진심으로 맞장구를 쳐야 한다. 기계적인 맞장구는 역풍을 맞을 수도 있다. (넋 놓고 맞장구치다가 '내가 방금 뭐라 했는데?'라고 물어오는 날엔 낭패다.)

　두 번째, 적극적 경청의 메시지는 몸짓으로도 보낼 수 있다. 가장 많이 사용하는 몸짓이 고개를 끄덕거리는 것이다. 끄덕임은 너무 간단하고 특별해 보이지 않아서 그 힘을 오히려 망각하고 있는 듯하다. 사실, 고개를 끄덕이는 모습은 토크쇼 진행자가 많이 보인다. 토크쇼 패널에게 고개를 끄덕임으로써 '계속 말씀하셔도 됩니다'라는 심리적 안정감을 부여해 주고 더 많은 이야기를 끌어내게 된다. 이는 상사와의 대화에서도 마찬가지이다. 고개를 끄덕이는 긍정적 리액션이 대화 분위기를 한껏 끌어올린다.

마지막으로, 메모이다. 상사와 대화를 할 때, 그의 말을 메모하는 습관을 갖자. 상사는 본인의 말을 놓치지 않으려는 당신의 모습에 서서히 신뢰감을 느낄 것이다. 만약 업무 관련 멘트라면 메모한 내용을 다음번 당신의 보고서에 반영할 수 있을 것이다. 그리고 일상적인 대화에서 나온 메모라면 상사의 철학을 이해하는데 참고할 수 있다. 상사 앞에서 메모는 되도록 수기로 하는 게 좋다. 그리고 메모를 정리할 수 있는 좋은 어플리케이션이 많이 나와 있으니 나중에 메모를 정리하는 용도로 써도 좋겠다.

사실, 상사와의 대화 중에도 듣기의 기술이 가장 필요한 때는 꾸중을 들을 때이다. 의외로 꾸중을 들을 때 잘못된 리액션이나 태도로 인해 일을 더 키우는 경우가 많다. 쉽게 한두 마디로 끝날 것을 한 시간 가까이 꾸중이 이어지게 되고 나중에는 꾸중 듣는 태도를 가지고 꾸중을 듣는, 자가 발전적 꾸중시스템이 가동되기도 한다. 우리가 커뮤니케이션의 달인이면 좋겠지만, 현실은 그렇지 못하니 다른 것은 차치하더라도 꾸중을 들을 때 유의해야 할 점을 몇 가지 알아보자.

우선, 꾸중을 들을 때 대꾸를 전혀 하지 않는 것은 상사의 꾸중을 무시하겠다는 메시지를 전달한다. 꾸중을 들을 때는 신중한 자세로 잘 듣고 있다는 리액션을 보내줄 필요가 있다. 근접거리에서 질책하는 상사와 눈을 빤히 마주보면서 본인의 입장을 얘기하는 것은 일을 키우는 것임을 알아야 한다. 대화할 때 상사와의 적당한 거리는 2 ~2.5m라고 하니 참고하기 바란다.

내가 함께 일한 동료 중에 상사의 잔소리를 세련되게 잘 듣는 직원이 있었다. 그 직원을 보면, 우선 몸을 약간 앞으로 숙여서 경청하고 있다는 자세를 보여준다. 그리고 상사의 나무람에 대해 경어체로 '네 무슨 말씀인지 알겠습니다. 지금 즉시 처리하겠습니다.' 또는 '지금 진행 중인 업무만 끝내고 바로 처리하겠습니다.'라고 하여 상사의 지적에 대해 빨리 대처하겠다는 말로 쉽게 마무리하곤 했다. 이렇게 되니 상사도 지적사항을 전달할 때 한두 문장으로 끝내게 되고 쓸데없는 '감정'을 싣지 않게 되었다. 듣는 자세가 말하는 상사의 태도를 결정하는 것이다.

'나는 그렇게까지 하며 상사에게 굽히고 싶지 않다'고 생각한다면, 이런 경우는 경청의 기술이 아닌 이직의 기술이 필요한 시점이다. 상사와의 갈등은 직장인이면 누구나 가지고 있다. '우리 상사는 너무 훌륭해서 전혀 갈등이 없습니다'라고 말하는 사람도 마음 한편에 상사에 대한 서운함이 있게 마련이다. 중요한 것은 이러한 갈등이 마음속이 아니라 겉으로 표출이 되기 시작한다면 상사와의 전면전을 선포하는 것이고, 마음을 미리 단단히 먹는 게 좋을 것이다. 그렇지 않다면, 꾸중을 계속 이어지게 할 필요가 없다. 상사의 꾸중을 세련되게 마무리 짓는 것은 높은 내공이 필요한 고급 스킬임을 알아야 한다. 꾸중이라는 무거운 상황에 억눌리지 않고 자신의 감정을 컨트롤하면서 상황을 유리하게 끌어오는 그 사람은 당신이 손가락질할 만큼 얕은 사람이 아니다. 꾸중 듣는 본인이나, 상사, 그리고 주변 동료에 이르기까지 서투른 꾸중 대처 자세가 영향을 미치는 범위는 생각보다 크니 세련되고 절제감 있게 꾸중에 대처하자.

적극적인 듣기가 상사의 신뢰를 부른다. 일상생활에서나 질책을 받을 때도 세련된 모습으로 경청하도록 하자. 말을 많이 해서 문제가 생기는 경우는 있으나 말을 줄이고 경청하여 문제가 생기는 경우는 거의 없다. 그리하여 상사가 자신의 고민을 마음 놓고 얘기를 할 수 있을 정도가 된다면, 상사가 당신의 편으로 된 시점이라 봐도 된다. 기회는 스스로 만들어가는 것이니 내일부터 주변 동료, 상사와 작은 대화에서부터 경청의 자세를 실천해보자.

Tip 상사와의 대화에서 적극적인 경청의 메시지를 보내보자. 상황이 바뀌는 것에 따른 가장 첫 번째 수혜자는 당신이다. 긍정적, 적극적 리액션으로 상사의 신뢰를 얻도록 하자.

3-5

공감과 소통,
이게 답이다

가끔 드는 생각이지만, 나는 우리나라가 참 대단하다고 생각한다. 우리나라의 근대사를 생각해 보면, 우리 할아버지 세대는 일제강점기에 실제로 일제의 억압을 받으며 살아오셨고, 부모님 세대는 한국전쟁을 직접 겪거나, 베트남전에 참전했던 세대이다. 명절에 3대가 모이면, 일제시대, 해방기, 한국전쟁, 베트남전쟁, 한강의 기적, IMF, 월드컵 4강, 스마트폰, 유투브 시대까지 한 번에 이야기를 펼쳐놓을 수 있다. 책으로 보는 역사가 아니라 우리 아버지, 할아버지가 바로 역사 자체인 것이다. 세상에 이런 나라가 있을까 싶다. 변해도 너무 변했다. 이렇게 완전히 다른 시대를 살아온 세대들인데, 어쩌면 세대 간 갈등이 생기는 게 당연한 것일지도 모른다.

그러면 회사라는 조직은 어떤가? 한국전쟁 후 배곯고 보릿 고개를 겪던 때부터 경제성장을 위해 '나'를 버리고 조직에 올인했던 선배들. 그리고 지금 당신의 머리 위에 있는 상사들은 그 선배들로부터 직접 일을 배운 사람들이다. 일에서 실수를 하거나 게으름을 피우면 '생존'에 위협을 받는 것으로 어마어마한 질타를 받았던 신입 시절을 겪었다. 그랬기 때문에 잠재의식 속에 조직을 우선하는 신입사원 때의 트라우마가 남아 있을 수 있을 것이다. 이 점을 이해하고 넘어가야 상사가 제대로 보인다.

일반적으로, 사회 경제적, 정치적으로 안정된 시기가 길어질수록 문화는 흔들리지 않고 공고히 다져진다. 조직문화도 마찬가지이다. 조직을 위해 개인의 희생을 요구하는 시대는 이미 지났다. 오히려 한 개인의 창의성이 조직을 살려내는 경우가 있을 만큼 개인의 잠재력에 높은 기대를 걸고 있는 시대인 것이다. 당신이 아랫사람을 둔 상사라면, 개인을 우선하기보다 조직우선논리, 성장우선논리를 내세우는 것은 절대 공감을 사지 못한다. 말 그대로 꼰대가 된다.

"개인의 실수로 회사가 위험해질 수는 없어. 그래서 혼을 내고 꾸짖는 거야."

개인의 실수로 회사가 위험해지는 경우는 흔치 않다. 만약 그렇다면, 의사결정 절차를 다시 살펴보아야 한다. 개인의 실수로 회사가 어느 정도의 '손해'를 보는 경우는 있겠으나, 위험에 처하게 할 만큼 중요한 일이 직원 한 명의 의사결정으로 진행된다면 그건 정상이 아니다.

　요즘 세대와 함께 일하기 위해서는 이 세대가 어떤 것에 동기를 부여받는지를 알아야 한다. 삼성경제연구소는 리포트를 통해 신세대 직장인의 특징을 다음과 같이 정의했다.

　첫째, 업무 외에도 다양한 관심사를 가지며 폭넓은 네트워크를 형성하고 있다.

　둘째, 평가결과와 보상에 대해 민감하게 반응한다.

　셋째, 글로벌 환경과 IT 등 새로운 것에 강한 적응력을 보인다.

　넷째, 자신의 감정과 생각을 솔직하게 표현하며, 상대방도 명확하게 의사 표현해 주기를 기대한다.

　다섯째, 회사보다 개인생활을 중시하며, 특히 '일과 생활의 균형'을 추구한다.

　어떤가? 당신도 위의 내용에 동의하는가? 아마도 많은 사람들이 고개를 끄덕일 듯하다. 그리고 이런 특징이 있으니 신세대는 기성세대와 다르다고 생각할 것이다. 이 중에서도 기성세대들이 신세대를 놓고 '요즘 애들 너무 개인주의적이야'라고 할 때가 많은 것을 보면 위의 다섯 번째 특징이 도드라져 보인다. 즉 회사보다 개인생활을 중시한다고 하여 개인주의적 성향을 신세대의 대표적 특징이라고 본다는 것이다.

　그런데 잠깐. 아까부터 '신세대'라고 하고 있는데, 그렇다면 이들의 경계는 어디부터인가?

사실, 위 삼성경제연구소의 리포트는 2009년 작성되었다. 그리고 리포트에서 말하는 '신세대'의 기준은 1980년대 전후생을 가리키고 있다. 1980년대 전후생. 즉 지금으로 치면 마흔 전후이다. 하지만 지금 우리가 살고 있는 요즘의 '신세대'는 1990년대 전후생이다. 다시 말해, 기성세대와 요즘 세대 간에 10년의 갭이 있지만 같은 특성을 가진다고 평가한 것이다.

차라리 다행이다. 나도 40대 중반에 접어들지만, 위의 리포트에 따르면 나도 '신세대'이고, 우리가 고민하고 있는 세대차이 나는 요즘 세대도 '신세대'이다. 그리고 그 둘은 같은 특징을 가졌으니 서로의 입장을 이해하는데 기본적인 공감대를 가지리라 생각한다. (13살 차이 후배와 일하지만 적어도 스타크래프트 전략을 논할 때는 전혀 세대 차이를 느낄 수 없다)

기성세대와 요즘 세대가 문화적 차이를 크게 겪지 않았다는 점. 이것이 내가 앞으로의 대한민국 기업문화가 큰 변동을 겪겠지만 개선 가능성이 높다고 보는 이유이다. 당신 상사가 베트남전에 참전한 정도의 옛날 사람이 아니라는 것이다. 당신이 BTS에 열광하듯이, 당신의 상사도 서태지와 터보에 열광했었을 것이다.

나는 상사가 나를 믿고 내게 힘을 실어주는 편이다. 내가 일을 잘해서라기보다, 상사와 공감을 자주하다보니 상사도 편안한 마음을 느낀 듯하다. 결국 상사도 직장인이고, 누군가의 아랫사람이다. 윗사람과 아랫사람의 사이에서 줄타기를 하는, 결국은 상사도 직장인인 것이다. 그러니 당신이 상사와 공감을 형성할 수 있는 두 번째 꺼리가 생겼다. 같은 직장인으로서 상사와 공감하자.

내가 만든 보고서로 상사 역시 윗사람에게 보고를 해야 한다. 그러니 내가 부족한 보고서를 만들게 되면 당신뿐만 아니라 직속상사 역시 곤경에 처하게 된다. 최소한 두 명이 같은 배를 타고 있는 것이다. 상사를 같은 편으로 느껴야 하고, 같은 편끼리 돕는 것은 당연한 것이라고 생각하자.

개중에는 팀원과의 소통의 중요성을 모르는 상사가 있다. 즉, 자기중심적이고, 팀원의 감정을 헤아리지 않고, 아래 직원의 솔직한 얘기를 싫어하는 경우이다. 이런 사람은 회사에서 왜 개인적인 얘기를 해야 하는지를 모른다. (그러면서 본인의 개인적인 얘기는 자주하는 게 특징이다)

당신의 업무가 창의적이고 독창성이 필요한 업무일수록 결과물의 퀄리티는 감정의 영향을 많이 받는다는 것을 알아야 한다. 반면 단순 반복 업무, 매뉴얼대로 움직이는 업무, 인간성이 개입될 필요가 없는 업무의 경우는 결과물이 감정의 영향을 받을 가능성이 적다. 만약, 전자의 업무를 수행하면서 구성원들이 정서적으로 불안정한 상태라고 한다면 적극적으로 소통의 자리를 제안해서 오해를 줄이는 노력이 필요하다. 팀 리더가 거부한다면 차석이라도 참석하는 자리를 만들어서 팀 내 소통이 일어나게 해야 한다.

2012년 구글 인사팀에서 '아리스토텔레스'라는 이름의 프로젝트를 시작했다. 탁월한 성과를 올리는 팀은 어떤 특징을 가지고 있는

지를 분석하는 것이 그 목적이었다. 180여개 이상의 팀들을 분석했고 그 어떤 공통적인 패턴도 찾을 수가 없었다. 팀원의 구성, 성비, 출신, 취미.. 어떤 요건도 유사한 점이 없었다. 연구를 담당한 줄리아 로조브스키는 훗날 뉴욕타임스와의 인터뷰에서 이렇게 밝힌다.

"우리는 완전히 잘못 짚었어요. 어떤 사람들로 팀을 구성하느냐보다 팀원들이 어떻게 소통하는지, 어떻게 과제를 구성하고, 각자의 기여를 평가하는지가 더 중요했습니다."

이후 구글 인사팀은 팀을 구성하고 있는 문화, 즉 팀이 어떻게 운영되고 있는지에 대해 집중적으로 연구했고 성공하는 팀의 다섯 가지 공통 규범을 발견하였다.

1. '심리적 안전감'(Psychological Safety)

: 내가 무모한 일이나 도전적으로 아이디어를 던지더라도 동료로부터 무시당하거나 당혹스러움을 느끼지 않을 것이라는 안전한 마음이 있는가. 그래서 구성원 상호간에 서로 상처받지 않고 자유롭게 말하고 행동할 수 있는가.

2. '신뢰성'(Dependability)

: 내가 동료에게 일을 믿고 맡길 수 있는가. 동료는 제 시간에 구글이 원하는 수준만큼의 결과물을 낼 수 있는가.

3. 조직 구조와 투명성(Structure & Clarity)

: 구성원 각자의 역할과 계획, 목표가 분명한가. 그리고 명확히 공유하고 있는가.

4. 일의 의미(Meaning of Work)

: 구성원 각자가 하고 있는 일이 자신뿐만 아니라 다른 팀원들에게 얼마나 중요한지 알고 있는가.

5. 일의 영향력(Impact of Work)

: 구성원 개개인이 지금 하고 있는 일이 회사와 사회에 어떤 영향을 주고 어떤 변화를 가져오는지 알고 있는가.

그리고 이 중에서 가장 으뜸이며 다른 네 가지 요소의 근간이 되는 것은 '심리적 안전감'이라고 한다. 즉 조직 내에서 사회적 감수성이 부각된 결과이다. 당신은 회사에서 이런 심리적 안전감을 느끼고 있는가? 아니라면 심리적 안전감은 어떻게 가질 수 있겠는가?

결국, 공감과 소통이 답이다. 멀다고 생각하면 더 멀어지는 법이다. 상사와 후배가 서로 편하게 얘기하기 시작하면 생각보다 공통점이 많다는 것을 느끼게 될 것이다. 이렇게 높은 공감대를 형성하는 것이 가장 첫 번째이다. 내가 평소에 어떤 가치관을 가지고 일을 하는지, 그리고 훗날 어떤 꿈을 이루고 싶은 지를 편한 자리에서 소탈하게 얘기해보자. 듣는 상대방이 상사이건 후배이건 솔직한 얘기는 효과가 있다. 내가 편하게 얘기할 수 있다는 것 자체가 탁월한 조직문화의 시작점이다. 구글의 아리스토텔레스 케이스에서도 언급했듯이, 내가 어떤 얘기를 하더라도 당혹스러움을 느끼지 않을 수 있는 심리적 안전감이 필요하다. 이것을 획득하는 가장 확실한 방법은 끝없는 소통과 공감대 형성임은 말할 필요도 없다.

Tip 상사는 생각보다 멀지 않은 사람이다. 상사를 같은 편으로 생각하고 솔직한 마음으로 소통을 시작해보자. 공감과 소통은 직장생활에서 빠질 수 없는 덕목임을 인정하는게 현명한 자세다.

일과 **상사**를 내편으로 만드는
직장인의 작은 습관

일.상.내편

4

주 52시간 시대,
스마트하게 일하는 법

일만 많이 한다고 좋은 게 아니라는 걸 깨달았다.

효율적으로 일을 잘 하는 방법을 찾았다.

일단 기본부터 점검했다.

이메일과 파일 정리부터 다시 시작했다.

중요한 정보는 항상 공유했다.

나만의 문제해결능력을 만들어 갔다.

시켜서 하기보다 사명감으로 먼저 움직였다.

일의 시작점과 끝을 파악하고자 했다.

눈앞의 일에 몰두하기보다 일의 전체 맥락을 보려 했다.

내가 혼자 다 하기보다 유연하게 협업을 진행했다.

그랬더니 시간을 벌었고, 유능하다는 소리를 듣게 되었다.

일이 내편이 되고, 동료들이 내편이 되는

아주 기분 좋은 경험이었다.

4-1

기본이 탄탄해야 일이
내편이 된다

주 52시간 근무제가 도입되면서 기업들마다 생산성을 끌어올리기 위해 여념이 없다. 근무시간은 강제적으로 줄어든 반면, 업무 프로세스와 조직문화는 그에 따라가지 못하니 기존의 업무패턴으로 일을 했다가는 시간이 부족하고 그에 따른 업무적체로 성실한 직장인일수록 큰 스트레스를 받게 되는 상황이다.

상식적으로 생각해도, 근무시간이 줄어들고, 기존 성과 이상을 거두어야 하는데 업무 프로세스는 변함이 없다면 뾰족한 해결책이 없어 보인다. 일본에서는 '지타하라(시간 단축(지탄/時短)과 괴롭힘(하라스먼트/Harassment)의 합성어)'라고 하여 근무시간이 줄어든 데 반해 업무량은 줄어들지 않아, 안 보이는 잔업을 하거나 집에 가서까지 일을 하는 상황이 벌어지게 되는 것을 두고 생겨난 신조어다. 단순한 신조어가 아니라, 지타하라로 인한 극심한 업무 스트레스로 일본 최대 광고기업인 덴츠의 신입사원이 자살을 하는 등 심각한 사회적 문제로까지 번지게 되자, 그 결과 2018년 6월 29일 일하는 방식의 개혁 관련 법안을 통과시켜 퇴근 후 출근까지 11시간 간격을 유지하게 하는 등 근로자의 삶을 보호하는 규정을 명문화하기에 이르렀다.

우리나라 역시 주 52시간 근무제의 도입을 기점으로 불필요한 일은 줄이고 가치 있는 일을 우선으로 하는 업무처리방식을 강조하고 있다. 즉 효율적으로 시간을 관리하고 높은 효과를 가지는 업무를 우선순위에 두는 것이다. 헌데, 실상을 들여다보면 우리의 근무시간 중 상당 부분은 파일 정리, 보고서 작성, 회계프로그램 활용, 이메일 업무, 자료 전달, 기존 자료 재가공 등의 바탕이 되는 업무들로 이루어져 있다. 그리고 이러한 '바탕 업무'에 대한 기본기가 부족해서 내 소중한 시간이 단순 업무를 처리하는데 소진되고 있다면 몰입이 필요한 창의적 업무는 언감생심, 집에 가서나 생각해야 할 판이다.

내가 일에 치이지 않고, 일을 내편으로 만들어서 내가 원하는 시점에 원하는 만큼 일하기 위해서는 '스킬'이 필요하다. 지금부터 일을 내편으로 만들 업무의 몇 가지 기본스킬을 소개하고자 한다. 흔히 예상하는 엑셀, 파워포인트 같은 오피스 프로그램 작동법을 얘기하는 게 아니다. 그건 당신이 인터넷의 녹색 박스창에 입력하면 바로 확인할 수 있는 것들이니 알아서 확인하도록 하자. 내가 전달하고 싶은 것은 당신이 어떤 일을 하던 공통적으로 적용되는, 하지만 의외로 잘하지 못해 당신의 시간과 에너지를 갉아먹는 두 가지 기본스킬, 바로 '이메일'과 '컴퓨터 파일보관법'이다. 실제로 당신이 어제 그리고 오늘 주고받은 이메일 개수와 저장했던 파일의 개수를 떠올려본다면 우습게 볼 일이 아니다. 반드시 아래 내용을 체득하여 손발이 고생인 상황을 만들지 않기 바란다.

우선, 당신이 고객이나 거래처, 내부직원 등과 커뮤니케이션 수단으로 주로 이용 중인 이메일에 대한 팁이다. 이메일은 우리가 평소에 가장 많이 이용하는 소통방식 중 하나이다. 이메일이 대면업무보다 좋은 점은 여러 가지가 있겠지만, 내가 생각하는 가장 좋은 점은 내 생각을 정리해서 전달할 수 있고 그 과정에서 나타나는 여러 상황에 대한 기록을 남길 수 있다는 점이다. 그리고 업무의 우선순위를 설정하며 처리할 수 있다는 점도 큰 매력이다.

이렇듯 소중한 소통수단인 이메일을 이용함에 도움이 되는 몇 가지 힌트를 알려드리고자 한다.

첫 번째, '하나의 이메일'은 '하나의 주제'를 가지는 것이 좋다. 즉, 이메일을 수신하는 사람이 어떤 액션을 취할지를 생각한 후에 이메일을 써야 한다. 그래야 주제가 명확해 진다. 만약 여러 가지 요청사항을 한꺼번에 써야 할 경우, 번호를 매겨서 각 요청사항이 명확히 인지되게끔 해보자. 하루 수백 통의 메일을 주고받는 입장에서 보자면 생각보다 만연체로 이메일을 쓰는 경우가 많다. 아무리 '메일'이 편지라는 뜻이라 해도 이렇게 되면 진짜 편지가 되어 버린다. 각 요청사항별로 번호를 매겨 인지성을 높이고 번호의 순서대로 답을 해달라고 하는 기본기가 필요하다.

두 번째, 이메일의 제목은 내용을 짐작케 해야 한다. 사내 행사를 준비하기 위해 유관부서 미팅을 요청하는 경우, '[행사명] 유관부서 킥오프 미팅 안내의 건' 이라고 하여 행사(또는 프로젝트)명으로 필터링이 가능해지고 제목만으로 내용을 가늠할 수 있게 된다. 메일 제목은 메일의 얼굴과도 같다. 이렇게 제목에 일관성을 부여하면 체계 잡힌 이미지를 부여할 수 있다는 장점도 있다. 그리고 이렇게 메일을 제목별로 필터링할 경우 프로젝트의 진행 경과를 한눈에 알 수 있다.

나는 올해 초, 직장어린이집 개원 프로젝트를 진행한 바 있다. 관련 부지를 써치하기 위한 중개법인과의 커뮤니케이션부터 설계, 공사, 감리, 준공, 개원허가에 이르기까지 수십 군데의 유관업체와 업무를 진행했으며 약 1년의 기간 동안 수없이 많은 이메일을 주고받았다. 그리고 그 과정에서 진행 이력에 대한 확인(컨펌 사항)이 필요한 경우 역시 수도 없이 많았으며, 그럴 때마다 제목별로 나열된 나의 이메일은 큰 도움을 줬다. '그때 그렇게 말씀하셨잖아요'는 프로페셔널한 직장인에게 어울리지 않는 멘트다. 의외로 중의적인 표현이 많기 때문에 함께 일한 내역, 결정사항들은 이메일을 통해 기록을 남겨둘 필요가 있다는 점을 명심하자.

세 번째, 내 메일을 잘 받을 수 있게 도달률을 높여야 한다. 여기서 도달률이란 받는 사람이 메일을 열어보는 것을 뜻한다. 그렇다면, 언제 보내는 메일이 도달률이 가장 높을까? 글로벌 소프트웨어 개발사인 Hubspot이 약 2억 통의 비즈니스 이메일을 분석한 결과 이메일을 가장 많이 열어보는 시각은 오전 11시로 나타났다고 한다. 하지만 우리나라의 경우 출근해서 업무를 시작할 때 이메일부터 열어보는 게 대부분이다. 즉, 우리나라에서 가장 좋은 도달시간은 오전 8시반~9시반 이라고 보면 된다.

예를 들어 전날 저녁에 미리 보내두는 경우 아침에 보내는 메일에 밀려 내가 보낸 메일이 하단으로 내려가게 된다. 실제로 회사 메일로 오는 여러 광고메일이 오전 8시 전후에 오는 것을 알 수 있다. 내가 보낸 메일이 밀려 내려가게 되면 수신자의 심리적 우선순위에서도 밀릴 수 있다는 점을 기억하자.

다음은, 의외로 많은 직장인들이 불편함을 토로하는 '컴퓨터 파일보관' 방법이다.

며칠 전, 몇 달 전 만들었던 파일인데 막상 찾으려고 하면 어디에 있는지, 어떤 것이 최종버전인지 알 수가 없는 경우가 많다. 이렇게 되면 컴퓨터 파일을 찾는데 몇 분씩 소요되고 일은 시작하기도 전에 스트레스가 쌓이게 된다. 최소한 내 컴퓨터 안에 있는 파일은 손바닥 보듯 훤하게 볼 수 있어야 업무의 시작이 개운하지 않을까? 직장인 누구라도 자유로울 수 없는 컴퓨터 파일 보관 스트레스를 이번에 날려버리자.

첫 번째, 대분류 폴더 관리이다. 사실 파일관리라고 했지만 '폴더 관리'로 보는 것이 더 정확하다. 폴더만 잘 관리해도 파일을 찾기가 매우 수월하다. 폴더의 생성 방법은 분류의 기준을 정하는 것에서 시작한다. 일반적으로 업무의 '대분류'는 업무종류, 날짜, 진행순서, 중요도 등으로 구분하는 것이 보통인데, 나의 경우 '업무 종류'별로 구분하고 있다. 왜냐하면, 내가 하는 일은 그 성격이 상이한 것이 많아서 업무종류 만으로도 확연한 구분이 되기 때문이다. 만약 당신의 업무가 특정 분류에 속하고 유사한 업무로 구성되어 있다면, 날짜, 진행순서, 중요도 등 다른 기준으로 대분류를 선택해 보자.

두 번째, 대분류 폴더를 생성했다면 같은 폴더 안에 보관하게 될 파일들은 '프로젝트'별로 폴더를 생성해서 구분하는 것이 좋다. 왜냐하면 대분류 내에서 프로젝트 단위로 다양한 종류의 업무를 포괄적으로 수행하기 때문에 더 이상 업무종류로 세부 폴더를 만들게 되면 '이쪽에 속하는 것 같기도 하고 저쪽에 속하는 것 같기도 한' 애매한 경우가 발생하게 된다. 그러니 '프로젝트' 단위의 세부 폴더를 생성하여 해당 프로젝트에서 발생한 파일은 모두 담도록 하자.

세 번째, 같은 프로젝트별 폴더 내에서 본격적으로 파일을 정리해보자. 이는 각 파일별 저장명을 일관성있게 해줌으로써 쉽게 저장이 가능하다. 권장하는 저장방법은 '일자_파일내용_버전'의 순서로 파일명을 만드는 것이다. 예를 들어 2018년 11월 1일에 만든 A프로젝트의 첫 번째 보고서 3번째 수정본인 경우, '181101 A프로젝트1차보고서 ver3'으로 저장하면 된다. 파일은 날짜별로 순서대로 저장되어 있을 때 당시 상황을 떠올리기 가장 유리하다. 파일의 날짜순 저장내용으로 진행 히스토리까지 가늠할 수 있는 장점이 있다.

네 번째, 최종버전의 문서는 문서 앞에 기호를 붙이자. 날짜별로 순서대로 파일이 저장되어 있는 경우 최종 결재본이나 최종 전달본을 찾기 어려운 경우가 있다. 내가 상사나 고객에게 전달한 자료를 명확하게 표시해 두는 것은 혹시나 발생할 수 있는 실수를 미연에 방지할 수 있는 좋은 팁이다. 나의 경우 문서 제일 앞에 '별표'가 붙어있는 문서가 최종본이며, 날짜와 상관없이 맨 위로 정렬된다. 자주 쓰는 폴더나 현재 진행 중인 프로젝트 폴더명에도 맨 앞에 '기호'를 붙이면 순서가 맨 앞으로 올라오게 되니 이용하기 편할 것이다.

이와 같이 파일 관리를 해오더라도 파일 위치를 변경할 필요가 생긴다. 내가 찾고자 하는 파일이 어느 폴더에 있는지 헷갈리고 찾지 못하게 될 때, 그 파일은 잘못된 폴더에 있다는 뜻이다. 이 때, 그 파일이 있어야 할 올바른 폴더는 당신이 '가장 먼저 찾아본 폴더'이다. 즉, 다음번에도 당신은 그 파일을 그 폴더에서 가장 먼저 찾아보게 될 것이고 같은 노력을 반복하지 않으려면 파일을 옮겨두는 게 좋을 것이다.

옛말에 기본에 충실한 자가 결국 승리한다고 했다. 가볍지만 우습게 볼 수 없는 것이 기본 업무스킬이니 반드시 체득하여 손발이 고생하는 일이 없도록 하자.

Tip 기본부터 챙기자. 이메일과 컴퓨터 파일보관 기술은 직종을 불문하고
반드시 가져야 할 기본 능력이다. 당신의 업무속도가 달라질 것이다.

4-2

한번 밀리기 시작하면
계속 밀린다

2018년 7월 본격적인 주 52시간 근로제도가 도입되기에 앞서, 삼성전자, LG전자, SK하이닉스 등 여력이 있는 대기업에서는 연초부터 그 제도를 시범적으로 운영했다. 제도 도입시 발생하게 될 예상치 못한 문제를 미리 점검하고 부작용에 대한 개선방안을 찾기 위한 나름의 방법이었다. 하지만 현장의 목소리에는 불안감이 묻어나 있었다. 공식적인 근로시간은 줄어들어 저녁이 있는 삶을 기대할 수는 있겠으나 일이 줄어든 것은 아니기에, 주 52시간이라는 틀 안에서 성과를 내야한다는 불안감이 발생했고, 결국 일을 싸가지고 밖에 나가서 하게 되지 않겠냐는 자조 섞인 목소리까지 나왔다.

실제로 일주일 걸리는 일이라고 얘기를 하면 회사에서는 5일 안에 끝내라고 하고 5일 걸리는 일이라고 하면 3일 안에 끝내라고 하는 식으로 업무가 주어지게 되고, 상사와 고객의 이런 요청을 거부하거나 달성하지 못하면 무능한 직원으로 분류되는 현실이 되었다. 결국, 근무시간에 일을 다 끝내지 못하게 되면 몰래 야근을 한다든지, 회사 인근 카페로 노트북을 들고 나가게 되는 웃지 못할 상황이 벌어지고 있다는 전언이다. 일이 쏟아지는 양은 기존과 같은데, 근로시간 제한으로 앞차가 빠지지 못하니 뒤차들이 줄을 이어 '주인님, 저는 언제 처리해 주실 건가요?'하며 당신만 바라보고 있는 형국이다. 이제, 한번 밀리기 시작하면 계속 밀리는 구조가 시작된 것이다.

이쯤 되면 '누구를 위한 주 52시간 제도인가'라고 생각할 수 있다. 사실, 주 52시간의 가장 큰 수혜자는 포괄임금제로 연봉을 책정한 사무직군이다. 일한 시간만큼 수당을 받는 현장 생산직의 경우 수입이 줄게 되어 직접적인 타격을 받게 되지만, 이 책을 읽는 당신이 사무직군, 지식노동자라면 주 52시간 제도로 월급이 줄어들 걱정은 하지 않아도 된다. 대신 주어진 시간 안에 효율성과 효과성을 발휘해서 당신의 능력을 증명해야 하는 약간의 피곤함이 있을 뿐이다.

달리 보면, 주 52시간 제도는 그동안 당신이 그토록 싫어했던 조직 내 무임승차자를 가려낼 수 있는 기회이기도 하다. 무임승차자는 다른 이의 업적에 슬며시 발을 담가서 공동 기안자로 이름을 올리고, 업무시간에 눈에 띄지도 않고 업무 진도도 빼지 못하지만 공동체라는 이름으로 함께 일하고 있는 사람들, 일반적으로 숟가락만 얹고 있는 고직급자인 경우가 많다. 이들에게 주 52시간 제도는 새로운 허들이 될 가능성이 크다.

그렇다면 당신은 어떠한가? 당신은 무임승차자가 아니기에 나와는 상관없는 일이라고 생각하는가? 당신이 무임승차자는 아닐지 모르지만, 그렇다고 당신이 유능한 사람이라고 볼 수 있을지도 의문이다. 왜냐하면 제도는 바뀌었는데 당신의 일하는 방식은 기존과 변함이 없을 것이고, 회사가 일을 줄여주지 않아 힘들다는 생각만을 하기 때문이다. 주 52시간이라는 새로운 제도가 도입되었음에도 당신의 일하는 방식에는 변화가 없다면, 회사 보안직원에게 양해를 구하고 몰래 사무실로 들어가서 휴일근무를 하거나 집에 가서도 일을 하는 등 '근무로 인정받지 못하는' 추가 시간을 투입할 수밖에 없다는 결론이다.

일하는 방식을 바꾸어야 한다. 일의 핵심에 보다 집중하고 그를 뒷받침할 수 있는 여러 가지 툴을 효과적으로 사용할 수 있어야 한다. 일이 밀리는 절박한 상황에서도, 단순 업무를 손쉽게 끝내고, 보다 큰 문제를 스마트하게 해결해낸다면 당신은 돋보일 수밖에 없다. 윗사람이 시키는 단순 업무만 해서는 자신의 가치를 증명해낼 수 없다. 아래에서는 직장에서 나의 가치를 도드라지게 보이기 위한 핵심능력인 '문제해결 능력'에 관해서 알아보도록 하자.

세계경제포럼이 발표한 2022년 직장인들이 가져야 할 역량의 순위를 보더라도 1위가 복합적 문제해결 능력이고, 2위가 비판적 사고이며, 3위가 창의성이다. 즉, 과거 산업혁명시대에서 1970~1980년대에 이르기까지 대량생산 대량소비의 획일적 생산과 소비가 주를 이루었다면, 1990년대 이후 복잡해진 시장상황과 예측

불가능성의 증대, 개인 맞춤형 서비스 방식의 등장 등으로 복잡성이 더욱 증가하게 됨에 따라 그에 대응할 수 있는 문제해결 능력을 요구하게 되었다. '복합적 문제해결'이라는 단어 자체에서 알 수 있듯이 단순하지 않은 세상을 통찰력 있게 꿰뚫어보고 발 빠르게 대응하는 능력을 최우선으로 꼽은 것이다.

당신이 문제해결 능력을 키우기 위해서는 문제해결을 위한 프로세스를 정립해 둘 필요가 있다. 여기 문제해결 프로세스를 크게 3단계로 정리하여 소개하니 회사에서 발생하는 다양한 문제를 프로세스에 대입시켜 처리해 보자. (학자에 따라 6단계, 9단계까지 나누기도 하지만 실무자의 입장에서는 3단계로도 충분히 효과적이다)

문제해결의 첫 번째 프로세스는 '문제에 대한 정확한 인식'이다. 즉, 무엇이 문제인지 정확히 정의하여야 앞으로 나아갈 바른 방향을 찾을 수 있다.

무엇이 문제인지를 정확히 알기 위해서는 '현상'에 집중하여야 한다. 현상을 정확히 파악하면 문제의 핵심이 보인다. 현대자동차그룹 정몽구 회장의 경우 유독 '현장경영'을 중요시 하는 것으로 유명하다. 문제가 생긴 곳, 또는 생기기 전이라도 생산현장, 공사현장, 판매현장 등 전 세계 다양한 현장을 직접 방문하고 상황을 파악한다. 현장을 잘 아는 것만큼 문제해결에 있어 강력한 힘을 발휘하는 것은 없다.

두 번째, 발생한 문제에 대한 원인을 분석해야 한다. '왜 이런 일이 일어났을까' 하는 막연한 생각으로만 고민할 것이 아니라 프레임워크를 이용하는 것이 편하다. 이미 세상에는 원인분석의 툴로 쓸 수 있는 여러 가지 프레임워크가 있다. 예를 들어, 기업의 거시적 환경에 대한 분석은 PEST(정치, 경제, 사회, 기술적 측면), 미시환경분석은 3C(고객, 경쟁사, 회사내부), 영업 및 마케팅환경 분석에는 4P(제품, 가격, 판매, 접근성) 등 당신의 업에 맞는 적합한 프레임워크를 선택할 수 있다. 중요한 것은 이러한 프레임워크들은 당신이 처한 상황과 정확하게 매치되지 않을 수 있다는 점이다. 각 프레임워크의 요소를 채워가다보면 모자라거나 남는 경우가 발생하게 되지만 그를 이해하고 현상황을 대입시키는 능력, 즉 프레임워크의 개념과 원리를 이해하고 스스로 수정 및 보완을 할 수 있는 것까지가 분석단계에서 필요한 역량이다.

마지막, 이제는 해결책을 찾는 단계이다. 해결책을 찾는 방법에도 여러 가지가 있겠지만, 단 한 가지 툴만을 제시하고자 한다. 바로 문제가 발생한 원인에 대해 집요하게 파고들어 해결책을 도출해내는 5why 기법이 그것이다. 5why라고 했지만 '왜'라는 질문의 횟수는 확실한 해결책이 나올 때까지 하는 것이니 숫자에 연연하지 않아도 된다.

아마존의 CEO인 제프 베조스(Jeffrey Preston Bezos)는 5why 기법을 특히 애용하는 것으로 알려져 있다. 아래는 그가 회사 유통센터에서 손가락을 크게 다친 직원을 목격하고 진행한 5why의 일부내용이다.

1why : 왜 그가 손가락을 다쳤는가?

→ 그의 손가락이 컨베이어에 걸렸기 때문이다.

2why : 왜 그의 손가락이 컨베이어에 걸렸는가?

→ 컨베이어 위에 놓인 자신의 가방을 잡으려 했기 때문이다.

3why : 왜 그는 자신의 가방을 잡으려 했는가?

→ 가방을 컨베이어 위에 올려두었는데 컨베이어어가 갑자기 움직였기 때문이다.

4why : 왜 가방을 컨베이어 위에 올려두었는가?

→ 그가 컨베이어를 테이블로 사용했기 때문이다.

5why : 왜 컨베이어를 테이블로 사용했는가?

→ 테이블이 없어서 가방을 둘 만한 마땅한 곳이 없기 없기 때문이다. 소품을 보관할 수 있는 테이블을 근무자 동선에 비치해주는 것으로 이 문제를 해결할 수 있다.

5why 기법은 현장에서 문제를 해결하기 위한 기법으로 널리 애용되고 있다. 당신이 내일부터 당장 이용해도 전혀 문제가 없을 것이다.

'에이, 저 정도 생각은 누구나 하는 거 아닌가?'

다른 점이 있다면, 당신은 5why를 머릿속으로만 한다는 점이다. 5why는 메모를 통해 가시적으로 보이게, 도식화해야 한다. 그래야 why에 대한 대답이 이상하거나, 불명확하더라도 바로 알아차릴 수 있다. 생각보다 많은 사람들이 5why를 하면서 두루뭉술해서 어떻게 해야 할 지 알 수 없거나(ex. '관리를 열심히 하지 않았기 때문') 본인이 통제하지 못하는 결론(ex. '어제 비가 왔기 때문')에 도달한다. 이런 함정에 빠지지 않기 위해서는 각 why마다 천천히 곱씹어서 내가 통제 가능한 결론을 찾아가는 게 필요하다.

'바탕업무' 뿐만 아니라 직장인의 진짜 등급이 정해지는 '문제해결능력'에서 남과 다른 평가를 받고 싶다면, 위 내용을 다시 한 번 정독했으면 한다. 각각의 프레임워크에 대한 궁금증이 생긴다면 관련서적이나 외부교육을 통해 자기 것으로 만들자. 직장인의 90% 이상은 생각만 하고 움직이지 않는다. 상위 10%에 드는 방법은 생각보다 간단하다는 것을 잊지 말자.

직장인에게 문제해결능력은 다른 사람과 차별화할 수 있는 필수요소이다. 주 52시간 시대에서 한번 밀리면 계속 밀리게 되니 남과 다른 자신만의 문제해결능력을 갈고 닦아라.

4-3

습관적으로
공유하라

"송대리, A프로젝트 1차 보고서 사장님 전자문서 결재본 좀
출력해주라"

"부장님, 그건 김과장이 받은 거라 제가 잘 모릅니다."

"아니 사장님 결재본 문서는 같은 셀에서 공유를 해야지! 전
자문서 공유함에 없어?"

"네… 그게 김과장이 개인문서함에 보관하고 출장을 간지
라…"

"이거 딱하구만… 빨리 김과장한테 전화해봐!!"

우리는 의외로 많은 시간을 공유되지 못한 무언가를 찾는데
보내고 있다. 실제로 내가 회사 초년병 시절에, 공유라는 개념은 그

다지 확고하지 않았다. 보고서나 품의서 등 상사의 결재가 들어간 문서만 지정된 수납장에 문서철로 보관하는 수준이었고 그러다보니 본인이 만들어서 보관한 문서를 찾는 데는 문제가 없었지만, 다른 팀원이나 타 팀의 문서에서 원하는 내용을 찾기란 너무나 힘들었다. 특히 업무진행과정에서 생성된 수많은 노하우를 보관하는 특별한 툴 같은 것이 없다 보니, 각자 개인플레이로 일하는 게 일반화되어 있었다. 집단지성의 힘은 찾아볼 수 없었다.

사람들이 공유를 하지 않는 데는 크게 3가지 이유가 있다.

첫 번째, 내 것을 잃을까 하는 손해심리가 작동해서이다. 내가 주는 정보보다 얻게 되는 정보가 적을 것이라는 걱정이다.

대표적인 헤드헌팅 기업인 커리어케어의 신현만 회장. 그가 사장 시절 헤드헌팅 기업을 경영하면서 가장 큰 문제로 생각했던 것이 직원들이 인재정보를 공유하지 않는 것이었다. 그도 그럴 것이, 헤드헌터 입장에서는 내가 가지고 있는 경쟁력 있는 이직후보자의 정보를 공유하게 되면 다른 헤드헌터에게 기회를 주게 되는, 이른바 닭 쫓던 개 지붕만 쳐다보게 되는 상황을 만들 필요가 없다고 생각했기 때문이다. 하지만 이러한 생각 때문에 수십 명의 헤드헌터들이 개인플레이로 일을 하고 있었고, 그로 인한 에너지와 시간의 낭비가 엄청났다. 신현만 회장은 정보공유의 힘을 믿고 과감하게 전 직원에게 인재정보를 사내 데이터베이스에 입력하도록 지시했다. 처음에는 직원들의 반발이 매우 거셌다. 내가 힘들게 얻어낸 정보를 왜 풀게 하느냐는 비아냥거림과 불만의 목소리가 계속해서 들려왔다. 하지만 신회장은 물러서지 않고 엄중히 경고하며 인재정보를 공유케 했다.

그렇게 사내 데이터베이스에 인재정보가 축적되기 시작하면서 본인이 알고 있는 정보보다 훨씬 많은 정보가 카테고리별로 지역별로 직급별로 정리되어 이전보다 고객사에게 훨씬 다양한 인재정보를 제공할 수 있게 되고 실제로 성공사례가 이어지기 시작하자 직원들의 원성은 환호로 바뀌게 되었다. 나중에는 사내 데이터베이스 시스템이 회사의 자랑거리가 될 만큼 직원들에게 없어서는 안 될 존재가 되었다.

두 번째, 내가 가진 정보가 대외비라고 생각해서이다.

정보 보안이 중요한 시대이니만큼 내가 알고 있는 정보를 공유하게 되면 대외비 규정에 위반되는 것이 아닌가 하는 우려가 있을 수 있다. 나 역시도 지적재산권이 전부인 광고&마케팅 기업에 몸담고 있기에 이 상황을 충분히 이해한다. 하지만 이렇게 생각하는 근원적인 이유가 있다. 어떤 정보를 어느 범위까지 공유할지에 대한 판단이 서지 않아서다. 그런 이유로, 같은 업무를 하는 팀 동료 간, 또는 팀 내부 간에서도 업무에 꼭 필요한 정보가 돌지 않아 여러 사람이 쓸데없는 에너지를 낭비하는 경우가 많다.

우리가 일상적으로 하는 업무 중에 대표적인 몇 가지를 공유할 대상을 기준으로 나누어 본다. 각 조직별 크기와 특성이 달라서 일괄적으로 적용하긴 어려울 수 있으나, 50명에서 1,000여명의 회사까지 경험해 본 나의 의견을 정리해서 써본다.

    – 같은 셀원 : 업무 매뉴얼, 일별 스케줄, 업무 진행과정 이메일 참조 발송

    – 소속 팀장 : 업무 매뉴얼, 주요 프로젝트 성과물(= 매출발생 내역), 결과물이 기재된 이메일 참조 발송

    – 본부장 급 : 업무기한이 표시된 회의자료, 본부장급 이상에게 발송하는 모든 이메일 참조

팀 내 누구와도 기본적인 업무 매뉴얼은 공유되어야 한다. 누가 내 자리에 들어와도 적응하는데 시행착오를 줄일 수 있도록 하는 것이 공유의 기본 시작이기 때문이다. 그리고 업무 매뉴얼을 정리하는 것에서부터 업무 정의(Job Description)가 시작되므로 모든 구성원은 기본적으로 업무 매뉴얼을 작성하여야 한다.

그 외 같은 셀(팀 내 유사업무단위) 내부에서 공유해야 할 것은 팀원들의 일별 스케줄이다. 긴밀하게 협조하여 동일 프로젝트를 수행하는 경우가 많기 때문에 구성원의 스케줄은 반드시 공유하여 업무 진행에 차질이 없도록 해야 한다. 그리고 업무관련 회의, 업체 미팅, 보고서 제출기한 등의 일별 스케줄을 공유하게 되면 어떤 일이 어느 정도까지 진척되고 있는지 가늠할 수 있게 된다. 업무진행 과정 이메일 역시 참조에 넣어 발송하도록 하자. 자신이 PM(Project Manager)이 아니라 하더라도 같은 셀에서 진행 중인 일을 공유하는 것은 서로에게 조언과 도움을 얻을 수 있는 가능성이 크다.

그렇다면 소속 팀장과는 어느 정도 선까지 공유해야 할까? 소속 팀장의 경우 진행 업무의 결과치를 공유한다고 보면 된다. '진

행업무'라고 한다면 어느 정도 선인지 헷갈릴 수 있다. 사실 이 부분은 조직의 특성, 소속팀장의 특성마다 다르다. 참고로 얘기하자면, 당신이 주간업무회의자료에 기한과 함께 기재를 하는 단위가 '진행업무'라고 보면 된다. 어느 조직에서는 디테일한 부분은 각 셀 내부에서 마무리 짓는 반면, 다른 조직에서는 디테일한 모든 업무를 팀장이 직접 보고 받는 경우가 있다. 주간업무회의자료에 어느 정도까지 기재하는지는 업무구분에 대한 암묵적인 합의로 이루어진 결과물이라고 볼 수 있다.

그리고 본부장급의 경우 회의 자료를 통한 공유, 그리고 타 본부장급 이상에게 발송하는 이메일에는 모두 참조를 하는 것이 기본이다. 특히 이메일 부분은 '공유'의 의미도 있으나, '기본 예의'에 어긋나지 않는 에티켓이다. 즉, '본 메일은 우리 본부장에게 협의된 사항을 보내드리는 것입니다'라는 뜻이므로 타 본부장에게 메일을 보낼 때는 참조에 항시 자신의 본부장도 함께 넣도록 하자.

사람들이 공유를 하지 않는 세 번째 이유는, 공유가 중요한지는 알지만 습관이 되지 않아서이다.

업무공유를 아무리 신경 쓴다 해도 인간의 두뇌에는 한계가 있다. 생각날 때마다 공유하는 것이 아니라 공유시스템을 이용해보자. 우선 일별스케줄은 동료들과 자동적으로 공유할 수 있도록 해보자. 내가 팀원들과 공유하는 툴은 구글 캘린더이다. 이미 가장 많은 직장인들이 쓰고 있을 만큼, 구글 캘린더는 팀원들과 스케줄, 업무 데드라인, 미팅일정 등을 실시간 공유하고 PC나 모바일로 상시 확인할 수 있다는 점에서 매우 유용하다. 일정을 놓치지 않는 효과는 기본이고, 다른 팀원들이 얼마나 바쁜지, 어떤 일에 에너지를 쏟고 있는지 한눈에 가늠할 수 있어 팀원 간 이해력이 높아진다. 그리고 상사가 업체미팅 등으로 사무실을 비우는 시간을 미리 알 수 있게 되므로 아래 직원들에게는 한숨 돌릴 수 있는 시간을 미리 알려주는 셈이 된다. 사실, 무방비 상태에서 맞는 뒤통수가 가장 아픈 법이다. 상사가 언제 들어오고 언제쯤 보고서를 찾을지를 아는 것은 보고서의 퀄리티 뿐만 아니라 마음의 준비를 하는데도 매우 유용하다. 아직 구글 캘린더를 사용하고 있지 않다면 꼭 써보길 권한다.

습관적 공유는 정보의 습득이라는 지식강화적 측면 말고도, 조직 문화적으로 긍정적 영향을 미치게 된다. 즉, 동료가 작성한 자료를 통해 동료가 어떠한 성과를 내는지, 어떤 부분에서 전문가인지를 알게 되어 동료 간에 존중하는 태도가 생겨난다. 그의 세련된 이메일 작성방법은 팀원들이 따라하게 되고, 커뮤니케이션을 통한 영업기술은 다른 직원들에게 실시간으로 인지되며, 벤치마킹 자료는 다른 이에게 또 다른 사업기회를 포착할 수 있게 한다. 이렇듯 팀 전체로 긍정적 자극을 주게 되는 것이다.

그렇다면 이제 지속적인 공유문화가 정착되기 위한 몇 가지 원칙을 알아보자.

그건 바로, 왜 공유를 해야 하는지에 대한 이유를 알아야 하고, 명확한 공유원칙과 툴이 있어야 하며, 지속적인 피드백이 따라야 한다는 것이다.

공유를 통해 얻어지는 이득을 직원들이 명확히 인지를 하고 있어야 '공유하는 것'이 옳고 '독점하는 것'이 옳지 않다는 가치판단이 서게 된다. 사람은 행동에 도덕적 가치를 부여할 경우 수행율이 높아지게 된다.

그리고 공유함에 있어 구성원간의 공유원칙을 명확히 세우고 동일한 프로그램을 이용하여 편의도를 높여야 한다. 완성된 업무를 다시 공유하느라 '일이 일을 만드는' 상황을 초래하는 것은 절대로 막아야 한다.

마지막으로 중요한 것은, 피드백, 즉 누군가 공유원칙에 어긋나거나, 자신 나름대로의 원칙을 따르도록 해서는 안 된다. 만약 공유원칙이나 툴이 불합리하다고 생각한다면 전체 합의를 통해 수정하자. 더 좋은 프로그램과 다양한 상황은 끝없이 발생하기 마련이다. 6개월이나 1년 단위로 공유원칙과 툴을 재점검하되, 합의에 의해 세워진 원칙은 반드시 지켜질 수 있도록 지속적으로 피드백을 주어야 한다. 하나 둘 예외를 인정하게 되면, 머지않아 유야무야될 것이다.

이러한 공유의 긍정적 측면을 극대화하기 위해서는 개인의 공유뿐만 아니라 조직차원에서도 공유의 문화를 적극 권장하고 실행할 필요가 있다. 특히 사업실적이나 미래비전과 같이 회사의 기본적인 상황이나 미래 청사진도 모른 채 회사를 다니고 있다면 그 구성원들에게서 올바른 열정을 끌어낼 수 없다. 회사의 미래가 걱정된다면, 회사가 가지고 있는 현재, 그리고 미래에 대한 정보를 합당한 채널을 통해 공유하는 것이 중요하다.

회사가 솔직한 목소리로 현재 무엇이 힘들고, 어떤 것이 걱정이고, 어떤 것을 기대하지만, 어떤 상황에 처해 있는지를 알려준다면, 직원들은 바야흐로 회사에 신뢰를 갖기 시작한다. 회사에 대한 정확한 정보를 알게 될수록 직원들은 주인의식이 발휘된다. 이것이 바로 조직 차원에서의 공유의 힘이다. 개인과 개인뿐만 아니라 조직과 개인 사이에도 서로가 신뢰하고 있다는 믿음이 없다면 공유의 효과는 나타나지 않는다는 점을 명심하자.

Tip 공유의 필요성을 공감하는 게 첫 번째, 그리고 '어떻게' 공유할지를 생각하라. 명확한 공유원칙과 알맞는 툴을 이용하고 활발한 피드백으로 공유문화를 정착시켜라.

4-4

내가 지휘하고,
내가 책임진다

많은 직장인들이 본인의 업무를 자율적으로 선택하고, 의사결정 내리고, 진행하고 싶어 한다. 하지만 일반적으로 직원에게 부여되는 자율적 권한 중에 20%는 저절로 생기지만, 80%는 직원 스스로 쟁취해야 하는 것이다.

'세상에서 가장 재미없는 일은 상사가 시켜서 하는 일'이라는 말이 있다. 상사가 시켜서 하는 일은 당연히 재미없다. 재미있는 일은 절대 위에서 내려오지 않는 법이다. 자신 스스로가 주체적으로 '하고 싶은 일'을 찾는 것이 바람직하다. 자신이 하고 싶은 일을 하면서 본인이 지휘하고 책임지겠다는 사명감을 느끼게 되면 일의 크기와 상관없이 그 분야에서 성공할 가능성이 커진다. 자율적 선택만큼 고성과를 이끌어내는 덕목은 없다.

학문적으로 볼 때, 자신의 의사에 따라 행동을 결정할 수 있는 자율성은 인간의 기본적인 욕구와 연계되어 있다. 따라서 인간의 기본적인 욕구인 자율성이 부여될 때 인간은 해방감을 느끼고, 본인의 선택에 귀 기울이게 되며, 책임감을 가지고 의사결정을 하게 된다. 샌디에이고대 교수이자 켄 블랜차드컴퍼니의 시니어 컨설턴트인 수전 파울러(Susan Fowler)는 그의 저서 〈Why Motivating People Doesn't Work... and What Does〉를 통해 인간을 발전시키는 3가지 요소로 Autonomy(자율성), Relatedness(관계성), Competence(역량)을 들고 이 중에서 Autonomy(자율성)이 나머지 둘에 미치는 영향이 가장 크다고 했다. 지난 수십 년간의 연구결과를 볼 때도, 인간은 기본적으로 자율성에 대한 욕구를 멈추지 않았다. 예를 들어 제조공장의 생산직 노동자가 자신의 판단에 따라 생산라인을 멈출 수 있는 권한을 가질 때, 생산성이 급격히 향상되었으며, 사무직 노동자의 경우에도 높은 수준의 자율성을 부여받을 때 생산성이 급상승하게 되었다. 즉 내가 지휘하는 환경이 주어질 때, 높은 수준의 성과가 창출된다.

내가 하고 싶은 일을 하고 있는지도 중요하다. 적어도 이 책을 읽고 있는 우리는 큰일을 하고 싶어 한다. 몇 백 억짜리 계약을 따내는 멋있는 직장인. 세계를 누비며 바이어를 만나고 귀국하면서 딸에게 크리스마스 선물로 줄 곰 인형을 사오는 능력자로 미래를 그린다. 그렇다면, 내가 지금 하고 있는 자질구레한 업무는 집어치우고 고상하고 멋진 업무만 떠올리면 되는 것일까?

하고 싶은 일을 한다는 것은 '하고 싶진 않지만 반드시 해야 할 일'을 충실히 끝낸 사람에게 주어지는 포상과 같다. '왜 회사는 나 같은 인재를 못 알아볼까' 라고 푸념할 필요도 없다. 우선 '반드시 해야 할 일'을 빠르고 완벽하게 처리하는 게 먼저다.

대학 설립준비팀에 있던 두 번째 직장 시절, 나는 부동산 전문 인력으로 인정받고 조인하게 되었다. 즉, 대학을 세울 건물이나 토지를 매입하고 관련 법규에 맞게 건축 또는 리뉴얼을 하여 학교건물을 세우고 교육부로부터 최종인가를 받는 것이 나의 주 업무였다. 하지만 실제 입사를 해보니 실상은 달랐다. 스타트업에 근무해본 사람은 이해할 것이다. 많지 않은 인원으로 회사를 꾸려가다 보니 업무영역의 구분보다는 필요한 일이 생기면 모두가 달라붙는 형태가 된다.

학교설립을 위한 건물 매입 프로젝트가 진행되던 시점이었다. 본격적인 학교 개교를 위해 독일 교수진들이 수시로 한국을 오가는 상황이었고, 그들이 한국지리에 익숙하지 않고 여러 일정을 동시에 소화를 해야하다보니 기사 노릇을 할 사람이 필요했다.

"송과장, 자네가 공항에서부터 3일간 교수진의 기사 역할을 좀 해줘야겠어."

이전까지 나는 한 번도 기사 역할을 해 본적이 없었다. 첫 회사에서는 오히려 어디를 가든 기사 딸린 회사 차량이 지원되었고 직접 운전해본 적도 없었다. 사실 기사 역할이라는 것이 운전만 하면 누구나 할 수 있고, 일시적인 업무였지만, 그 당시 나에게는 굉장히 큰 충격이었다.

나는 왜 내가 이런 일을 해야 하나 하고 생각했다. 내가 이 회사에 들어오고 내가 최종 목표로 삼는 '대학설립'을 하는데 있어 이게 꼭 필요한 일인지 고민했다. 사실 독일 교수진은 대학 설립에 있어 핵심적인 역할을 담당하고 있었다. 그 교수들의 의견에 따라 학교건물의 위치, 규모, 형태가 결정된다는 점에서 내가 맡고 있던 업무에서도 그들과의 관계는 적지 않게 중요한 것이었다. 결국 나는 그들이 한국에 체류하는 동안 필요할 때는 기사, 필요할 때는 통역의 역할도 충실히 수행했다. 그리고 이동하거나 식사를 하면서 나의 주 업무를 그들에게 설명해주고 의견을 받는 등 호의적인 관계를 가질 수 있었다. 이후, 대학 건물 매입결정에 있어 도움을 받은 것은 물론이다.

목표가 있는 사람은 중간 과정에서 작은 일에 흔들리지 않는다. 당신이 만약 지금 하고 있는 일에 불만을 가지고 비전이 보이지 않는다고 한다면, 당신의 최종 목표가 무엇인지 끊임없이 고민해야 한다. 그리고 현재 하는 일이 그 목표를 달성하는데 어떤 도움을 줄 수 있는지 생각해 본다면, 작은 일도 작게 느껴지지 않을 것이다.

"저… 이런 일은 저에게 어울리지 않는 것 같습니다. 저는 더 큰 일을 하기 위해 들어온 사람입니다."

상사가 콧방귀나 뀌지 않으면 다행이다. 회사에서 누군가를 뽑을 때는 항상 그에게 맞는 일을 염두에 두고 뽑는다. 수행업무를 정확히 정의하고 뽑는다는 말이다. 당신은 그에 맞춰 채용된 사람이고 본인도 인정하고 들어온 상황이니 갑자기 다른 말을 하는 것은 신의성실에 위반된다.

혹여, 당신이 들어올 때 약속받았던 업무가 아니라 점점 작은 일을 하게 된다면, 당신의 능력을 충분히 어필하지 못한 결과이다. 업무에서 실수가 잦고, 팩트를 충실히 체크하지 못하고 '대충 이정도'라는 결론을 내리거나, 당신과 동료의 경계선상에 있는 일을 밀어내는 모습을 보였을 수도 있다. 그래서 상사에게 신뢰를 받지 못한 상황에까지 이른 것이다.

자신이 하고 싶은 일을 명확히 정의하고, 기회를 만들어 꽉 움켜쥐고 남보다 더 확실하고 임팩트 있게 해낼 필요가 있다. 결과도 중요하지만, 그 과정에서 보여지는 모습도 주위에 귀감이 되게끔 해야 한다. 그래야 당신이 하고 싶은 일을 다른 이에게 뺏기지 않을 수 있다.

내가 지휘하고 책임지고 싶은 일. 당신의 회사에는 그런 일이 있는가?

사실 그런 일은 위에서 내려주지 않는다. 자기 스스로 '업무의 시작점'이 되어야 한다. 자신이 즐거운 마음으로 일을 하지 않으면 큰 성장은 없다. 그리고 그 과정에서 일을 마무리를 짓겠다는 책임감이 뒤따르게 된다. 나는 이런 책임감을 사명감이라 부른다. 나 역시 이 책을 쓰는 일이 '보다 나은 세상을 만들기 위해 반드시 필요하다'고 생각하기 때문에 기꺼이 시간을 내서 하고 있다. 어떤 일이든 사명감이 생기면 그 일을 하는 큰 동기가 부여되기 때문에 끝까지 해내는 훌륭한 원동력이 된다.

생각을 조금만 바꿔보면, '내가 지휘하고 내가 책임지는' 것은 업무가 아니라 자신의 미래일 것이다. 긍정적인 마음으로 미래를 그리고 자신이 무엇을 하고 싶은지 그려보아야 한다. 그리고 그 일을 하기 위해 어떤 단계가 필요한지 구체적으로 떠올려 보아야 한다. 현재 속한 회사에서 그 미래를 위한 일을 할 수 있는지 주체적으로 찾아보자.

세계 최고 마케팅 전문가인 세스 고딘(Seth Godin)은 〈지금 당신의 차례가 온다면〉에서 이렇게 말한다.

"원하는 무엇이든 해볼 기회는 평생 좀처럼 오지 않는다. 잘 모르기 때문에, 누군가 불러줄 때까지 기다려야 한다고 순진하게 믿기 때문인 경우도 가끔 있다. 그러나 대부분은 그만큼 간절히 목말라하지 않기에 기회가 오지 않는 것이다."

무엇과도 바꿀 수 없는 자신의 소중한 미래를 남의 결정에 맡기는 바보 같은 짓은 하지 않기를 바란다.

4-5

일의 끝을
생각하라

　어느 초등학교의 미술시간. 선생님이 학생들에게 그리고 싶은 동물을 자유롭게 그리라고 했다. 그리고 교실을 돌아보던 선생님의 눈에 한 아이가 유난히 열심히 그림을 그리는 모습이 들어온다. 하지만 도화지 전체를 검정색 크레용으로 가득 칠할 뿐 동물이라고는 없었다. 그러기를 며칠째 반복한다. 선생님은 아이의 상태가 걱정되어 아이의 부모와 면담을 하게 되었고 결국 그 아이는 정신병원에 보내진다.

　아이는 병원에서도 계속해서 새까만 칠로 도화지를 덮었고 어른들의 걱정은 깊어만 갔다.

　그러던 어느 날, 아이의 부모는 우연히 아이의 서랍에서 퍼즐한 조각을 발견하고 불현듯 무언가를 떠올린다. 곧장 체육관으로 향한 어른들은 아이가 그린 검정 도화지들을 바닥에 놓고 맞춰보기 시작했다. 도화지 하나하나가 퍼즐이 되었고 점차 형태를 갖추더니 결국 검정색의 큰 고래가 나타났다. 그 아이는 어른들이 보지 못한 큰 그림을 그리고 있었던 것이다. 아이의 창의력에 대한 일본의 공익광고 내용이다.

우리가 하는 일은 수많은 동료들과 연결되어 이루어진다. 그렇게 이루어진 일은 팀 내, 팀 간, 회사 내, 지역사회에 이르기까지 크고 작은 영향을 미치게 된다. 오로지 내 눈앞에 있다고 하여 일의 끝마저 내 앞에서 마무리된다고 생각하면 안 된다. 우리가 전체를 생각해야 하는 이유다.

자신이 하는 일이 전체 그림에서 어떤 부분에 속하는지, 그리고 회사에 어떤 영향을 미치는지를 구성원들에게 전달하는 사례로 일본 '호시노 리조트' 케이스를 들 수 있다.

호시노 리조트는 1914년 일본 나고야현 가루이자와의 마을 작은 료칸에서 시작되었다. 이후 1990년대 초 장기불황에 따른 경제 침체로 '일본 료칸사업은 망했다'는 평가를 듣기도 했으나, 호시노 요시하루 4대 사장의 취임과 함께 20여 년 만에 일본을 대표하는 리조트로 성장했다. 호시노 리조트 성공요인의 기저에는 '호텔 비즈니스의 핵심은 사람'이며 '뛰어난 직원을 충분히 확보하고, 이들이 제대로 일할 수 있는 시스템을 만드는 것이 사업성패의 관건'이라는 호시노 사장의 철학이 있었다.

호시노 리조트가 도입한 여러 가지 혁신 프로그램 중 '멀티태스킹'제도가 있다. 즉, 모든 직원들은 호텔업의 기본이 되는 청소, 프런트데스크, 음식서빙, 간단한 조리업무 등 4가지 업무를 모두 수행할 수 있어야 한다. 호텔의 특성상 사람이 몰릴 때만 몰리는 상황을 감안하여 인력을 효율적으로 운영하기 위해 도입한 제도였다.

처음에는 직원들의 거센 반발에 부딪혔다. 직원들은 자신의 영역을 고수하면서, 다른 종류의 일을 해야 하는 이유를 알지 못했다. 하지만 호시노 사장은 지속적으로 직원들을 설득했고 1년만 해보고 다시 논의하자는 약속과 함께 시작하기에 이른다.

효율적 인원배치를 위해 시작한 멀티태스킹 제도였지만, 효율성 외에도 다른 효과를 가져오기 시작했다. 즉, 전 직원이 호텔업무 전반에 대한 이해도가 올라가기 시작한 것이다. 모두가 호텔의 기본 업무를 숙지하고 있었기 때문에 부서 간 협업도 순조로워졌다. 결국 멀티태스킹 제도로 호텔 업무의 처음부터 끝까지 이해하게 되었고 자신이 하는 일의 가치를 확인받고 싶어 하는 젊은 세대의 특성과 맞물려 현재는 '젊은이에게 매력적인 직장'으로 인정받기에 이르게 된다.

그렇다면, 일의 끝을 생각하는 방법은 무엇일까? 다음의 3단계로 생각해 볼 수 있다.

첫째, 일의 핵심을 파악해야 한다.

대부분의 일은 상사로부터 떨어진다. 그리고 당신은 그 일을 하명 받으면서 어떻게 해야 할지를 생각하기 시작한다. 대부분의 수

명업무는 상사가 원하는 그림을 제공하는 것으로 마무리 된다. 단순 전달(정리)업무에서 현상파악 업무, 기획업무에 이르기까지 당신이 받는 일의 형태는 매우 다양하다. 이 중에서 단순 전달(정리)업무는 표면상의 오더에 충실하면 된다.

"이 자료를 날짜순으로 재정리해서 내일 오전 중에 김상무님께 갖다드려."

오더에서 더 이상 확인이 필요한 내용이 없다. 하지만 현상파악 업무와 기획업무로 넘어가게 되면 맥락의 중요성이 대두된다. 이 자료를 만드는 목적이 무엇일까를 고민해야 하고 되도록이면 하명을 받을 때 상사와 충분한 논의를 하는 것이 좋다. 무조건 앞에서 '네 알겠습니다'를 하고선 자리에 와서 끙끙 앓는 것은 가뜩이나 시간도 없는 요즘, 자신의 에너지를 갉아먹는 행위이다. '바른 지시'가 중요하다고 말하는 만큼, 오더를 받을 때 이해가 되지 않는 부분은 미리 짚고 가는 편이 훨씬 안전하다.

둘째, 당신이 하고 있는 일의 가장 큰 그림은 무엇인지를 알아야 한다.

대기업 기획부서에서 각 계열사별 자료를 취합하는 업무를 맡고 있는 김차장. 그는 요즘 반복되는 자료 취합 업무가 무슨 의미가 있을까 하는 생각이 든다. 월말이 되면 어김없이 계열사마다 이메일 또는 전화를 돌려 자료를 재촉하고 아쉬운 소리를 하고 있는 자신을 보면서 일의 의미를 찾지 못하고 있다. 더군다나 자신이 하는 일은 대리급도 할 수 있는 단순 취합 업무인지라, 왜 자신에게 이런 단순 업무를 시키는지 이해가 되지 않아서 마음이 괴롭다. 이제 그만 다른 일을 알아봐야 하나 하는 마음이 드는 요즘이다.

사실 김차장의 포지션은 그 기업에서 볼 때 가장 성장가능성이 높다. 김차장이 계열사 자료 취합 업무를 단순히 '취합하는 행위'에만 포커스를 맞추었기에 일의 난이도가 낮고 반복적인 업무로 보일 뿐이다. 각 계열사의 매출자료, 생산자료, 재고자료는 회사가 돌아가고 있는 현황을 여과 없이 보여준다. 만약 김차장이 이러한 현황자료의 추이를 분석하는 기법을 배우고 기간별로 지속적으로 모니터링 했다고 한다면 회사의 현황을 그 누구보다 잘 알 수 있는 것이다. 그리고, 김차장에게 자료 취합 업무를 맡긴 것은 김차장이 엑셀을 잘해서가 아니라 데이터를 분석해서 현 사업 개선방안, 신사업 아이디어 등의 제언을 할 수 있는 역량이 되기 때문이다. 김차장 스스로 본인의 업무가 거대한 의사결정의 가장 큰 축을 담당하고 있다는 사실을 알아야한다.

셋째, 당신이 그 일을 함으로써 어떠한 변화를 기대하는지 생각해봐야 한다.

당신이 지금 서류철을 하고 있다면 당신을 포함한 팀원들이 원하는 자료를 언제든지 쉽게 찾는 모습을 그려볼 수 있다. 그래서 그들이 시간과 에너지를 세이브할 수 있게 해보겠다는 생각을 해야 한다. 그러한 기대가 선행되면, 단순히 서류를 파일에 철하는 것이 아니라 일정한 규칙을 세우고 그에 따라 서류를 분류하고 정리하는 과정이 뒤따르게 될 것이다. 프로젝트별로, 시간대별로, 장소나 담당자별로 파일철을 구분하게 되고 팀원 모두에게 규칙을 공유하는 것으로 마무리할 수 있다 .

당신이 맡은 일이 회사의 종이컵 사용량을 줄이는 것이라 해보자. 종이컵 사용량은 수치적인 결과이다. 만약 사용량이라는 수치적 결과에만 집중한다면 종이컵을 빼면 그만이다. (아직 많은 회사에서 이런 방법을 쓰고 있다) 하지만 당신은 직원들이 자발적으로 종이컵 사용량을 줄여 드라마틱한 변화를 경험하게 해주고 싶다. 그리고 홍보팀과 연계하여 환경보호에 앞장서는 기업 활동으로 대외에 알리어 자사 제품 구매 시 긍정적 이미지를 부여하고 싶다는 생각을 하게된다. 그러기 위해서 뻔한 환경보호 활동이 아니라 다른 회사와 차별화된 스토리 있는 캠페인 활동을 생각하게 되는 것이다.

일의 끝을 어떻게 그리는지에 따라 당신의 일의 끝은 천차만별로 달라진다. 이 말인 즉, 당신의 일의 끝은 당신이 선택할 수 있다는 뜻이다. 소극적이고 소시민적 자세의 직장인은 딱 그만큼의 결과만을 가져가게 되는 법이다. 당신이 지금 하는 일이 보잘 것 없고 하찮은 일이라고 생각된다면 먼저 당신의 생각의 크기를 고민해보라. 눈앞에 보이는 부분만 생각하고 피상적인 결론만을 가져가지는 않았는가? 평소에 '이 정도면 되었다'는 말을 입에 달고 있지는 않은가? 남들이 오랜 노력 끝에 성취한 열매를 옆에서 부러워하고만 있지는 않았는가? 당신이 답변할 차례다.

 일의 핵심을 파악하고 그 일의 가장 큰 그림을 그려보자. 그리고 당신
이 기대하는 변화를 구체화하는 것, 이것이 일의 끝을 생각하는 자세
이다.

누구와도 협업할 수 있는
자세를 가져라

영국의 철학자인 버트런드 러셀(Bertrand Russell)은 '인간을 구원할 유일한 것은 협력이다.'라고 했다. 심정적으로는 동의하지만 협력이 말처럼 쉽지는 않다. 직장생활을 하다 보면 같은 회사 동료뿐만 아니라, 협력업체나 공공기관 등 그 종류와 경우는 이루 셀 수 없을 정도로 다양한 색깔의 사람들을 만난다. 맘에 드는 사람, 보기 싫은 사람, 말투가 과격한 사람, 논리적인 사람, 경쾌한 사람, 우울한 사람…… 당신이 어제 만난 사람만 생각해봐도 충분히 공감할 것이다.

하지만, VUCA(Volatility, Uncertainty, Complexity, Ambiguity의 약자로, 변동적이고 복잡하며, 불확실하고 모호한 사회)시대에 접어들면서 예측 불가능을 상대하기 위한 제1 요건은 협업이 되었다. 지금 당신이 만들어내고 있는 성과의 80% 이상이 타인과의 협업을 통해 창출되고 있다는 것이 요즘의 정설이다. 어떤 사람과 얼마나 깊이 협업하고 많은 정보를 교류하며 신뢰를 쌓을 수 있는가가 결과물의 질을 좌우하는 것이다.

그렇다면 나와 다른 종류의 사람과도 협업을 해야 할까? 흔히 협업하기 어려운 부류를 나와 완전히 다른 일을 하는 사람이라고 생각하기 쉽다. 나와 다른 일을 하는 사람은 기본적인 가치관이 다를 것이고, 업무의 내용과 생각하는 방식까지 다를 것이라고 생각한다. 다른 환경에서 일하고 있으니 일견 맞는 말이다. 그럼에도 불구하고, 나는 당신이 당신과 다른 종류의 다양한 사람을 만나야 하고 그들과 협업을 해야 함을 설명할 것이다. 그리고 만약 당신이 그러했을 때 어떤 결과를 얻게 될지에 대해서도 함께 설명하겠다.

우선, 당신이 하는 일이 단순 반복 업무에다 시간 안에 많은 양을 처리하는 게 목표라면 같은 종류의 일을 하는 직원들이 유리하다. 과부 사정은 홀아비가 안다는 말이 있듯이, '척' 하면 '착'하는 식의 기계적인 케미스트리가 필요한 경우가 그러하다. 경영학도라면 잘 알고 있을 근대 경영학의 아버지, 프레데릭 테일러(Frederick Winslow Taylor)는 테일러리즘(Taylorism, 노동자의 움직임, 동선, 작업범위 등 노동표준화를 통하여 생산효율성을 높이는 체계)이라고 하는 과학적 관리법으로 공장개혁과 경영관리 혁신이라는 큰 공적을 남겼다. 하지만 테일러리즘은 1900년대 초반의 이론으로, 하루가 다르게 업무자동화 프로그램, 분석 툴이 쏟아지는 오늘날에는 비집고 들어올 틈이 없다. 이미 AI가 대중화되어 로봇이 나올 판인데, 테일러리즘이라니…

당신이 추구해야 하는 것은 창의적인 업무이다. 말이 거창해 보이지만, 내가 하는 일에 의문부호를 달고 다른 방향을 고민해 보는 것부터가 시작이다. 이러한 창의적인 업무는 당연히 이전에 없던 새로움을 요한다. 그리고 새로움은 자연 발생되지 않는다. 다른 것과의 충돌(Collision)이 반드시 필요하다. 그게 지식이든, 사람이든, 환경이든 말이다.

미국의 디자인 이노베이션 기업으로 소개되는 IDEO. 애플사의 마우스로 대표되는 그들의 혁신적인 디자인의 출발점은 다양한 종류의 직원구성에 있다. 약 550명의 직원들은 전공이 제각각이다. 산업디자인, 인터랙션 디자인 등의 디자이너는 기본이고, 인간공학, 기계공학, 소프트웨어공학 등 공학도뿐만 아니라, 법학, 경영 경제학, 사회학 등 인문계열 출신도 섞여서 디자인을 개발하고 있다. 즉, 디자이너의 눈으로만 디자인을 보는 것이 아닌, 다른 전공자의 입장에서 내놓는 새로운 해석을 즐기는 것이다. 이렇게 다양한 시각에서 시작된 의견들을 혁신적인 디자인으로 풀어내고 있는 IDEO는 비즈니스 위크가 선정한 'Most Innovative Companies 25'에 선정되었고, 나머지 24개사에 혁신 컨설팅을 하고 있다.

토이스토리와 겨울왕국 등의 작품으로 21세기 최고의 애니메이션 스튜디오로 평가받는 PIXAR. CEO인 에드 캣멀(Edwin Catmull) 역시 창의성이 소통 즉 구성원 간의 협력에서 발현된다고 말한다. 그가 기존에도 훌륭해 보이는 사옥을 두고 신사옥으로 PIXAR를 옮

겼던 이유에 대해 이렇게 얘기한다.

"실은(예전 사옥은) 실패작이었어요. 실패작인 이유는 우리가 창출해야 할 소통을 창출하지 못했기 때문입니다. 복도를 더욱 넓혀야 했고, 카페도 더 많은 사람이 들어올 수 있도록 더 크게 만들어야 했어요. 사무실을 모서리에 좀 더 붙여서 중앙 공간을 더 많이 확보해야 했죠. 간과한 점이 한두 개가 아니었어요. 너무 많은 실수를 저질렀죠."

이후 새롭게 이전한 사옥인 Steve Jobs Building(스티브 잡스가 설계)은 식당과 화장실처럼 사람들이 꼭 이용하는 필수시설을 중앙에 배치하여 서로 상관없는 부서에 있다고 생각하던 사람들도 자주 마주치고 소통하게 만들었다. 건물 1층의 중앙부는 비행기 격납고처럼 되어 모든 직원들이 그 공간을 오가면서 필요하면 어디서든 의자를 끌어와 편하게 미팅을 하고 있다. 모든 직원이 누구와도 거리낌없이 소통하고 협업할 수 있도록 공간적으로 메시지를 던지고 있는 것이다. 그리고 이러한 자연스러운 부딪힘이 회사 전체 문화에 창의성을 유지시킨다고 믿고 있다.

이와 같이, 다양한 문화와 폭넓은 가치관이 공존하고 협업할 때 부가가치가 높은 창의적인 아이디어가 생성된다. 이는 비단 해외 사례만이 아닌 우리 주변에서도 찾아볼 수 있다. 이번엔 내가 속한 팀이다.

내가 속한 팀의 이름은 E. Planning팀이다. 여기서 'E'는 환경(Environment)의 이니셜로 임직원을 둘러싸고 있는 유형의 환경(공간디자인, BX제품)과 무형의 환경(복지제도, 기업문화활동)을 총괄한다는 뜻이다. 실제로 우리 팀은 기업문화 뿐만 아니라 복지제도, 기업디자인까지 담당하고 있으며 산업디자인 전공의 디자이너들과 법학, 교육학 등 인문계열, 식품영양학 전공자 등 전혀 다른 색깔의 구성원들로 이루어져 있다. 재미있는 것은 각자의 업무 파트에만 매몰되는 것이 아니라, 서로의 업무에 충분히 의견을 개진할 수 있도록 공식적인 미팅을 자주 한다는 것이다. 즉, 디자이너의 눈으로 본 복지제도, 법대생의 눈으로 본 디자인을 서로 편하게 논한다. 이 과정에서 전문가로서 콧대를 높이는 경우는 없다. (물론 최종판단은 담당자의 몫이다) 오히려 자유롭게 소통하면서 상식의 틀을 깨는 아이디어들이 탄생하는 것을 수도 없이 경험해왔다. 기존에 'NOT'으로 생각했던 것들이 'WHY NOT?'으로 질문 받으면서 정형적인 틀을 깨왔다. 상황이 이렇다보니 비전문가의 의견을 무시하지 않고 오히려 귀담아 듣게 되는 열린 문화가 형성되게 되었다. 서로 극과 극에 있는 전공자들인데 이렇게 거침없이 소통을 하는 것을 보면 협업 능력은 최고인 듯 하다며 우스갯소리를 하기도 한다.

분명히 말하건대, 협업 능력은 하나의 기술이다. 협업능력 없이는 당신의 몸값은 올라가지 않는다. 이제 당신에게 필요한 '누구와도 협업할 수 있는 자세'에 대한 내용으로 이 장을 마무리한다.

첫 번째, 명확한 목적지를 공유하여야 한다. 회사에서 당신은 동료와 친교 사이로 만나는 것이 아니다. 크든 작든 당신이 그 사람을 만나는 이유가 있다. 그게 어떤 목적인지는 동료와 함께 열린 자세로 공유하라. 그리고 동료도 그 목적에 동의하게 될 때 가장 큰 협업 효과가 나타난다. 십 수년간 직장생활을 한 입장에서 얘기하자면, 내가 의도를 숨기고 다가갈 경우, 상대방도 문을 걸어 잠근다. 당연히 교류되는 정보는 한정적일 수밖에 없다. 협업의 목적이 차마 말하기 어려운 내용이라면 그 또한 솔직히 얘기하고 양해를 구하는 것이 좋다. 누구든 어른으로 대접해 줄 때 어른스럽게 행동하는 법이다.

두 번째, 개방적 태도이다. 나와 다른 의견도 수용하고 합의점을 찾기 위한 노력을 하는 자세가 필요하다. 이는 비단 브레인스토밍을 하는 단계에서 뿐만 아니라, 프로젝트 전반에 필요하다. 〈린 스타트업〉의 저자 에릭 리스(Eric Ries)는 급변하는 시장상황을 감안하여 최소요건의 제품을 먼저 내놓아 시장의 반응을 보며 바꿔나가는 '개방적 태도'로 강조한다.

세 번째, 커뮤니케이션 능력이다. 커뮤니케이션 능력은 모든 직장생활의 기본이다. 당신만의 커뮤니케이션 능력으로 협업동료에게 신뢰를 부여해야 한다. 여기서 신뢰란 정직함과 같은 개인의 성격을 의미하는 게 아니라, '당신과 함께라면 협업의 목표를 달성할 수 있겠다'는 믿음을 뜻한다. 그러기 위해 기본적으로 동료에게 호의적인 태도를 가지되 업무에 있어서는 명확히 선을 긋고 가는 자세가 필요하다. 데드라인을 설정하고 지키지 못한 것에 대해서는 워닝 메일링을 하는 것이 좋다. 이런 과정을 통해 동료는 목표를 재 상기하게 되고 일에도 가속도가 붙게 될 것이다.

 협업 능력 없이 당신의 몸값은 달라지지 않는다. 명확한 협업 목표, 개방적 태도, 커뮤니케이션 능력은 성공적인 협업을 위해 반드시 필요한 요건이다.

5

직장인의 수명은
성과에 달려있다

나 없어도 아무 문제가 없는 회사가 아니라

나 없으면 안 되는 대체 불가능한 능력을

보여주고자 했다. 그 능력이 내게 회사생활의 희열을 선물했다.

일을 왜 해야 하는지 정확하게 파악하고 시작하니

성과가 돌아왔다. 그러나 작은 성과에 집착하지 않았다.

더 큰 그림을 그렸고 더 큰 성과를 만들어 내려 했다.

그 의지가 나를 이류에서 일류로 점프하게 했다.

일류가 되기 위해 남들이 못하는 나만의 필살기를 준비했다.

그 무기로 회사에 끌려가기보다 끌고 가는 사람이 되었다.

사장의 마인드로 회사의 미래를 보는 눈까지 생겼다.

그렇게 나는 일과 상사,

일과 회사를 하나 둘 내편으로 만들어 갔다.

5-1

충분히 노력한 당신,
이젠 인정받자

'당신은 회사에서 여러 가지 업무를 맡고 있다. 너무나 업무가 복잡다양해서 도무지 시간이 남지 않는다. 개인의 삶도 없고 업무에 있어 비전도 보이지 않는다. 참다못한 당신은 이직을 결심하고 이력서를 쓰기 시작한다.'

많은 직장인들의 일반적인 이직 스토리다. 헌데 이렇게 이직을 하게 되면 그동안 쌓아올린 당신의 역량을 제대로 표현할 길이 없다. 온갖 미사여구로 당신의 경력을 포장하겠지만, 결국 당신은 당신이 어떤 역량을 가지고 있고 어떤 일에 강한지 어떻게든 증명해 내야 한다. 경력은 과거형이 아니다. 경력은 '예전에 했었다'가 아니라 지금 할 수 있는 능력을 경력이라 한다. 그러기에 당신은 당신의 경력으로 인정받고 싶은 부분을 끊임없이 갈고 닦아야 한다. 비록 지금은 다른 일을 하고 있을지라도 당신이 소중히 여기는 경력이 있다면 계속해서 녹슬지 않게 관리해야 한다. 당신이 살아온 경험은 소중하기에 인정받아야 한다. 그리고 그 경험이 지금의 나와 어떻게 연계되는지 스토리라인을 잡는 것까지가 당신이 해야 할 일이다.

나는 첫 번째 회사와 두 번째 회사에 걸쳐 약 6년간 부동산 업무를 담당했다. 업계에 몸담고 있는 사람이 본다면 그리 길지 않은 기간이겠지만 맡고 있는 자산의 규모가 워낙 컸기에 적지 않은 종류의 부동산을 딜링했고 관계자들과 네트워크를 쌓았다. 토지, 건물, 공장을 사고파는 일, 가치를 측정하는 일, 유관 공무원과의 커뮤니케이션, 명도소송 뿐만 아니라 한 도시의 도시계획을 바꾸기 위한 활동까지, 연차에 비하면 내 부동산 경력은 스펙트럼이 꽤 넓은 편이다.

하지만 나는 단순히 '했었다'는 식으로 표현하고 싶지 않았다. 내가 가진 경력 수준을 공식적으로 인정받고 싶었다. 누구도 나에게 요청하지 않았지만 내 스스로 나에게 확신을 주고 싶었다. 어떻게든 증명해내고 싶었다. 그리고 고민 끝에 내가 선택한 방법은 부동산 관련 국가자격증인 공인중개사 시험이었다.

공인중개사 시험에 대해 선입견이 있을 수 있지만 합격률이 30퍼센트를 넘지 못하는 나름 빡센 시험이다. 물론 내가 법학을 전공했고, 부동산 관련 업무를 해왔다 하더라도 시험을 준비하는 것은 다른 문제였다. 만만히 본 것은 아니었지만, 우리들 직장인들은 무언가를 하기 위해 시간을 온전히 뺄 수가 없다는 특징이 있기에, 시험패스를 위한 나와의 약속은 계속 미뤄졌고 결국 준비 첫해에는 떨어지게 되었다.

나에겐 무언가를 할 수 있는 시간이 없었다. 당시 첫아이가 태어나서 한창 손이 많이 가던 시절이었고, 또 아이의 피부가 좋지 못해 다른 아이들보다 밤에 자주 깨고 손도 더 많이 가는 상황이었다. 새벽에 몇 번을 깼다가 아침에 일어나서 출근하고 퇴근해서 아이보고 집안일을 거들고 나면 지쳐 잠들기 일쑤였다. 이런 상황에서 어떻게 공부할 시간을 낸단 말인가.

할 수 없다고 생각하면 할 수 없는 핑계거리만 만들어지는 법이다. 온갖 핑계거리가 나올 만큼 우리는 할 수 없다는 것에 그럴싸한 명분을 부여해 준다. 그리고 스스로를 위로한다. '그건 원래 안되는 거였어.'라고.

나는 공부할 시간을 뽑아내야 했다. 일단 잠을 줄였다. 우선 새벽 4시에 일어났고 6시 출근까지 2시간을 공부했다. 그리고 퇴근해서 아이가 잠드는 10시까지 집안일을 돕고 10시부터 12시까지 또 공부했다. 하루 4시간의 공부시간이 확보된 것이다. 비록 잠은 4시간 밖에 못자는 상황이 되었지만, 내 마음속의 절박함은 4시간의 수면보다 더 컸다. 나의 이런 의지에 아내도 힘이 되어주었다. 아내 역시 직장인이어서 피곤함의 연속이었지만, 저녁시간엔 되도록 집안일을 도맡아 해주면서 나에게 시간을 할애해 주었다.

이렇게 수개월이 지나, 결국 나는 두 번째 도전 만에 합격을 하게 되었다. 작은 성취라고 생각할 수도 있지만 그 과정을 생각해보면 결코 작지 않은 성취였다. 무엇보다 기분이 좋은 것은 나의 부동산 경력에 대한 나름의 매듭을 지을 수 있었다는 것이다.

그리고, 그렇게 끝날 줄 알았던 나의 부동산 커리어는 지금의 직장에서도 꽤 도움이 된다. 이전과 차이가 있다면, 그전이 외부(매입자, 매도자)를 상대하는 일이었다면, 여기서는 눈을 내부 직원(사용자)으로 돌리게 된 것이다. 창의적 인재들의 특징은 무엇이며 그들에게 창의성을 발현케 하는 공간은 어떠해야 하는 가로 이어지게 되었다. 그리고 인테리어 공사를 실제로 진행하면서 생각한 바를 실제로 구현해 나가는 재미는 또 다른 것이었다.

이제 부동산에 있어서 나는 어떤 토지나 건물이 유용한지 알고, 매입과 매도를 하는 방법을 알며, 공간을 어떻게 꾸미고 어떤 메시지를 넣어서 사용자에게 전달하는지 까지 전방위적 경험을 갖게 되었다. 말 그대로 공간과 관련한 프로세스 전반을 알고 있고, 단편적인 부분에 매몰되지 않게 되었다. 나만의 가치를 만들어 낸 것이다.

독일의 철학자 악셀 호네트(Axel Honneth)는 인간은 개인, 사회, 공동체라는 삶의 전 차원에 걸쳐 '존재가치'를 인정받기 위해 치열하게 노력한다고 했다. 그렇다면 우리 직장인들에게 '존재가치'는 무엇일까? 내가 생각하는 직장인의 존재가치는 '대체 불가능성'이다. 내가 하는 일에 평균 이상의 탁월한 성과를 내는 능력, 그런 역량을 인정받는 것. 그것이 바로 '대체 불가능성'이고 '존재가치'이다. 당신이 가지고 있는 '대체 불가능'한 역량은 무엇인가? 당신은 어떤 성공경험을 가지고 있나?

"이건 김과장이었기에 가능한 일이야."

"이번 프로젝트는 박대리가 꼭 필요해."

"이대리와 일을 하면 참 기분이 좋아. 그 친구는 정말 명쾌하거든."

업무의 진행시점까지 조절해가며 그 사람을 기다리는 것. 당신은 '그 사람'이 되어야 한다. 단순 파일공유가 안되거나 절차적 업무에 있어서의 필요가 아니다. 다른 사람이 아닌 당신이 맡게 되면 좋겠다는 평가, 당신이 하면 엑셀런트라는 평가를 받는 분야, 그것을 찾아야 하고 그것을 만들어야 한다. 예는 수도 없이 많다. 보고서 기획력, 디자인 능력, 커뮤니케이션, 설득력, 프리젠테이션 스킬… 당신이 어떤 부분에 엑셀런트인지 모르겠다고 할 땐 서점에 들러 직장인 자기계발 코너를 찾아보라. 수많은 종류의 자기계발 아이템들이 줄을 서 있다. 그중 당신의 취향이나 호기심이 발동하는 아이템을 골라보도록 하자.

김대리는 재경업무를 맡고 있는 입사 5년차 직원이다. 재경업무의 특징이 사내 모든 부서와 커뮤니케이션을 해야 하고, 숫자에 대해 사내협상을 해야 하는 민감한 자리이니 만큼 서로를 호의적으로 대하기 힘든 것이 사실이다. 김대리도 그 부분을 잘 알고 있는지라, 각 부서와 커뮤니케이션을 할 때 각별히 주의를 하고 있다. 그래서인지 김대리와 커뮤니케이션을 할 때는 불편한 느낌이 확 줄어든다. 재경측 입장만 강조하고 일방통행을 하는 것이 아닌, 현업부서의 애로와 고충을 아주 구체적으로 들어주고 내용을 이해한다는 것이다.

　　일반적으로 재경부서와 발생하는 대부분의 갈등은 내용을 듣기보다 숫자를 맞추라는 식의 태도에서 시작한다. 하지만 김대리는 그런 부분에서 탁월한 커뮤니케이션 능력을 보여줄 뿐만 아니라, 그런다고 해서 애초 설정한 협상목표 수치를 맞추지 못하는 것도 아니었다. 오히려 현업부서에서도 재경측의 입장을 이해하여 자발적으로 비용예산을 감축하는 등 서로가 이해하고 배려하는 문화를 이끌어내고 있는 것이다. 평소에도 경쾌한 김대리는 그래서 많은 이들로부터 사랑을 받고 있다.

　　당신은 치열한 경쟁 끝에 회사에 입사했고, 끊임없는 노력으로 지금의 자리까지 달려왔다. 이렇게 열심히 노력한 당신을 누구도 부인하지 않는다. 하지만 단지 노력했다는 이유만으로 인정해주는 시대가 아니다. '내가 이렇게 노력했는데, 나를 이렇게 대접하다니…'라는 말이 가장 안타깝다. 당신은 노력했지만, 그 노력은 누구나 할 수 있는 노력이기에 당신이 다른 사람에 앞서서 인정받아야 하는 이유에 들지 못한다. 누구든지 앞서기 위해서는 당신이 가장 내세울 수 있는 엑설런트를 만들어야 한다. 다행히 당신은 지금까지 누구보다 훌륭히 살아왔고 다른 사람보다 성공할 가능성이 높다. 이제, 당신이 인정받을 시간이다.

Tip　당신은 절대 쉽게 살아오지 않았다. 당신의 경험과 역량을 단편적인 것으로 내버려두지 말고 스토리라인을 꾸며 당신만의 가치로 만들라. 당신의 대체 불가능성은 바로 거기서 나온다.

5-2

내가 이 일을 하는
이유는 무엇인가?

"지금 내가 이 일을 하는 이유는 무엇일까?"

"어떻게 마무리 되는 것이 내가 하는 일을 의미 있게 만드는
걸까?"

이 질문들은 내가 스스로에게 자주하는 질문 중에 하나다. 일
에 지치고 쳇바퀴 도는 기분이 들 때, 이 질문들은 리프레쉬용으로 적
절하다. 내가 스스로에게 이런 질문을 할 때마다, 일을 어떻게 해야
할지에 대한 큰 그림이 그려진다. 적어도 난 단편적으로 돈을 많이 벌
기 위해서나 출세하기 위해서가 아니라 내가 하는 일을 훌륭하게 치
러내어 Best Case로 저장하고 싶은 마음이 있다. 그리고 훗날 이런 성
공 노하우가 누군가에게 도움이 될 수 있기를 바라는 마음이 크다. 내

나름의 동기부여 방법인 것이다.

맥킨지앤컴퍼니 컨설턴트이자 〈Primed to perform〉의 저자인 닐 도쉬(Neel Doshi)와 린지 맥그리거(Lindsay McGregor)는 인간이 창출하는 성과에 가장 큰 영향을 미치는 것은 '동기부여'이며, 인간에게 영향을 주는 동기의 스펙트럼을 크게 직접동기(긍정적)와 간접동기(부정적)로 구분하고 총 6단계로 나누어 제시한다. 직접동기에는 즐거움, 의미, 성장, 그리고 간접 동기는 정서적 압박, 경제적 압박, 타성으로 구성되며 각각을 다음과 같이 정리해 볼 수 있다.

직접동기 1. 즐거움

: 내가 이 일을 하는 동기가 '그 일 자체가 주는 즐거움'에 있는 경우다. 〈일취월장〉의 저자 신영준 박사가 얘기하는 '덕업일치'가 그 것이다. 즉, 이 일을 하는 것 자체가 나에게 즐거움을 주는 것이므로 그 어떤 동기보다도 강하고 일에 몰입할 가능성이 높다.

직접동기 2. 의미

: 내가 이 일을 하는 것은, 그 결과가 다른 이에게 선한 영향력을 미치기 때문이다. 특히 업무의 결과가 자신의 가치와 신념과 맥락을 같이 할때 인간은 일의 보람을 느끼고 동기부여가 된다.

직접동기 3. 성장

: 비록 지금 하는 일이 힘들고 고되지만, 이를 통해 더 많은 경

험을 쌓고, 나중에 더 높은 자리에 올라갈 수 있다는 믿음이 있는 경우에 해당한다. 예를 들어, 신입사원이 CEO를 꿈꾸며 힘든 현실을 열정적으로 헤쳐 나가는 모습이 있겠다. 기업은 이러한 성장 동기를 심어주기 위해 직원들에게 다양한 교육 프로그램, 리더십 강의 등을 제공하고 있다.

간접동기 1. 정서적 압박감

: 내가 이 일을 하는 이유가 주변으로부터 느끼는 죄의식, 수치심 등의 평가를 받지 않기 위해서인 경우다. 즉, 상사를 실망시키지 않기 위해 일하는 경우, 남들 보기에 번듯한 직장이어서 힘들지만 참는 경우 등 다른 사람이 어떻게 생각할까가 주된 이유이다.

간접동기 2. 경제적 압박감

: 내가 이 일을 하는 이유는 보상을 받거나 처벌을 피하기 위한 목적인 경우다. 실제로 많은 직장인들이 연봉인상, 보너스나 승진 등의 경제적 혜택을 얻기 위해 일하고 있다고 답했으며, 소득의 많고 적음과 무관하게 누구나 경제적 압박감을 느끼는 것으로 나타났다. 월급을 마약이라 부르며 도저히 이 '월급마약'을 끊을 수 없어서 회사를 다닌다는 경우에 해당하겠다.

간접동기 3. 타성

: 어제도 이 일을 했기 때문에 오늘도 하는 경우이다. 사실 직장인들의 상당히 많은 비율이 특별한 이유 없이 지금 직장에 다니고

있다는 답변을 했다. 당신 주위에서도 쉽게 찾을 수 있다. 하지만 타성 동기는 동기라는 말을 붙이기 어려울 정도로 낮은 동기수준이며, 남다른 성과를 창출하기 가장 어려운 상태라고 할 수 있다.

어떤 마음가짐으로 일을 대하느냐에 따라 그 결과물의 질은 말할 수 없이 달라진다. 즐거움, 의미, 성장과 같은 직접동기를 가지고 있는 직원은 자신이 하고 있는 일 자체에서 동기를 부여받기 때문에 자발적, 능동적 자세를 갖게 되고, 일에 몰입하는 태도를 수월하게 갖는다. 반면에 간접동기(정서적, 경제적 압박감, 타성)로 업무처리를 하는 직원의 경우는 다르다. 일을 하는 이유가 상사나 돈, 그리고 타성에 따른 것이므로 몰입력이 떨어지게 되고 '쥐어짜는' 식의 업무처리가 되는 것이다.

당신 스스로도 당신이 일을 하는 이유를 위의 6단계를 참고로 판단해 보아야 한다. 우리가 하는 일은 너무나 다양하기 때문에 모든 일에서 눈에 띄는 직접동기를 찾기 어려운 경우가 대다수다. 상사가 시켜서 하는 일이 대부분이고, 그 전에 해왔기 때문에 해야 하는 경우가 거의 대부분이다. 하지만 내 일에 영혼을 불어넣는 작업은 스스로 지치지 않고 해내야 한다. 그리고 사람들은 그것을 끈기라고 부른다.

내가 현재의 회사로 입사한 것은 약 10년 전, 그러니까 회사가 생긴지 3년이 갓 지난 시점이었다. 신생회사이고 급격히 성장하던 상황이다 보니, 업무 프로세스나 체계가 잡혀있지 않던 상황이었다. 나는 이전 회사에서의 스페셜리스트의 모습에서 제네럴리스트로 변해야 했으며, 그로 인한 상실감을 느끼기 시작했다.

특히 예전에 비해 단순 처리 업무가 계속해서 밀려들게 되자 상당한 스트레스와 퇴사 유혹을 수도 없이 느끼게 되었다. '나는 이런 일을 할 사람이 아닌데, 왜 내가 여기서 이러고 있나' 하는 생각이 밀려들 때가 있었고, 괴로워하는 시간은 계속 되었다. 내가 하고 있는 일들이 하찮아 보였고, 따라서 나도 작아지는 느낌이었다.

하지만 이런 생각들은 전혀 현실에 도움을 주지 못한다는 것을 깨닫고서 내 커리어를 위해 회사를 그만두어야겠다는 결심을 하게 되었다. 가족의 허락도 받았다. 헌데 신기하게도 그 시점부터 내가 하는 일이 다시 보이기 시작했다. 회사를 그만두겠다는 생각을 하게 되자, 마음이 가벼워졌고 승진이나 연봉과 같은 '경제적 압박감'에서 탈출하여 일 자체만 놓고 판단할 수 있게 된 것이다. 그리고 내가 하고 있는 여러 가지 업무가 회사의 조직문화에 어떤 영향을 미치는지 호기심이 생기기 시작했고, 그 호기심을 풀기 위해 외부 세미나와 교육과정, 관련 서적을 탐독하기 시작했다.

이것은 단순한 호기심이 아니라 '허기짐'과 같은 본능적 수준의 갈망이었다. 해당 방면 전문가의 교육과정과 외부 세미나를 통해 일의 의미와 스마트한 업무처리, 그리고 조직문화에 대한 전문지식을 쌓아갔다. 일반적으로 외부 교육은 시간과 비용을 회사에서 지원받아 참여하는 경우가 대부분이지만, 나는 그 정도로는 만족하지 못했다. 더 많이 알고 싶고 배우고 싶다는 열망에 개인적으로 연차휴가를 내고 세미나를 참석하기도 했고 내 돈을 내고 저녁 교육과정을 듣고 출퇴근 지하철 안에서 온라인 강좌를 듣고 책을 찾아 읽으며 지식을 늘려가게 되었다.

　그렇게 지난 10여 년간 나는 나의 생각을 전문가들과 나누고 정리하면서 나의 일이 어떤 의미인지를 깨닫게 되었다. 그리고 이러한 나의 경험을 정리하면서 간혹 외부 강연, 칼럼 기고를 통해 지식을 전파하게 되었다. 나의 일은 이제 많은 사람들에게 도움이 되고, 세상에 필요한 지식을 생산하는 일이 되었다. 아이러니하게도 일을 계속해야 한다는 압박을 걷어내니, 본래의 의미가 보이고 내가 이 일을 하는 이유를 알게 된 것이다.

　이 책을 읽는 누구라도, '내가 이 일을 하는 이유는 무엇인가'에 대한 고민을 했으면 한다. 이 질문을 통해 당신의 내면에 존재하는 동기부여 시계가 작동하게 될 것이다. 특히, 당신이 하는 일의 종류가 독창성, 창의성을 요하는 일이라면 더더욱 그렇다. 독창성, 창의성은 죽어있는 머리에서는 나오지 않는다. 끊임없이 세상에 대해 호기심을 던져야 발현되는 것이 창의성이기 때문이다. 이것이 모든 기업에서 직원의 동기부여를 중요시하고 그를 위한 프로그램과 제도, 환경을 구축해 나가는 이유이기도 하다.

　사람들은 동기부여는 오래가지 않는다고 말한다. 뛰어난 작가이자 성공학의 대가인 지그 지글러(Zig Ziglar)는 '동기부여도 샤워와 같아서 매일같이 해야 한다'고 했다. '내가 이 일을 하는 이유는 무엇인가?'라는 질문은 그래서 반드시 필요하다. 자가 발전기는 외부의 전력이 끊어져도 스스로 전기를 만들 수 있다. 그렇게 만들어진 전기로 본인뿐만 아니라 주변에까지 불을 켜고 기계를 돌리게 된다. 그동안 전기를 받아서 돌아가기만 하는 기계장치였다면 이제 스스로 동기 부여할 수 있는 자가발전기가 되어 보는 건 어떨까? 내가 하는 일의 의미를 깨닫게 되면서 말이다.

Tip 당신이 그 일을 하는 이유를 알아야 한다. 이것은 다른 어떤 질문보다도 중요하다. 이 질문을 통해 당신의 일이 미치는 영향을 알게 되고 내가 왜 이 일을 하고 있는지 객관적으로 판단하게 된다면 성과는 저절로 따라올 것이다.

5-3

자신의 에너지를
관리하라

당신이 이 책을 여기까지 읽었다면 자신이 하는 일에 어느 정도 의욕이 생겼으리라 생각한다. 무작정 열심히 하는 것만이 능사가 아니라는 것도 알게 되었을 것이다. 일과 상사를 어떻게 내편으로 만들지에 대한 구체적인 그림도 그려졌으리라 믿는다. 하지만 무엇보다도 당신이 먼저 관리해야 할 것은 일이나 상사가 아니다. 당신 자신이 가장 먼저다.

대한민국에서 직장인으로 살아간다는 것은 쉬운 게 아니다. 전후 1950년대 우리의 1인당 국민소득이 69달러였고, 2010년에 2만 달러, 2018년 현재 3만 달러를 넘어 고속성장 해왔다. 하지만 그 이면에는 OECD 36개국 중 행복지수 27위 등의 어두운 기록들을 꼬리표처럼 달고 있다. 그리고 우리 같은 직장인은 치열한 경쟁 속에서 생존을 위해 일에 몰두한 결과 육체적 정신적 건강이 악화되는 상황이 이어지고 있다.

2015년 취업포털 사이트에서 직장인을 대상으로 본인의 건강 상태에 대한 설문을 한 결과, 10명중 6명이 '내 건강이 위험하다'고 답했다. 그리고 그 이유 중에 가장 높은 순위를 차지한 두 가지가 '과도한 스트레스'와 '건강관리 부족'이었다. 이는 국내외를 불문하고 크게 다르지 않다. 2010년 하버드 의대에서 발표한 기업경영 비용 유발 질병 순위에 따르면 1위 우울증, 2위 비만, 3위 관절염, 4위 허리, 목통증의 순으로 나타났다. 즉, 육체적인 부분뿐만 아니라 심리적인 건강도 업무생산성에 큰 영향을 미친다는 것이다. 특히 창의적 아이디어를 끊임없이 생산해내야 하는 직군이라면 구성원의 심리적 그리고 육체적 건강은 매우 중요하다. 하지만 스스로 건강을 잘 챙기는 직원이 있는 반면, 혼자서는 귀찮아서 건강에 무심한 직원들도 많다.

지난 2015년, 내가 속한 회사에서 임직원의 에너지를 회사의 자산으로 규정하고, 육체적, 정신적 건강 프로그램을 통해 그 에너지를 적극적으로 관리하는 프로젝트를 시작했다. 기존의 건강 프로그램이 '질병유무'와 '사후지원' 등의 소극적인 지원에 그쳤다면 'ORANGE ENERGY PROJECT'라고 명명한 이 프로젝트에서 임직원에게 '질병이 없고 활력이 넘치는 상태'를 건강한 상태로 규정짓고 이를 위한 여러 가지 프로그램을 도입하게 되었다. 그리고 지금 임직원들의 생생한 목소리를 옮겨본다.

"그 시간이 좋았습니다. 숨 쉴 수 있는 시간이었습니다."

"일에 치이고 생활이 바빠서 미처 건강을 챙기지 않는 분들이 많습니다. 회사 차원에서 직원들의 건강에 관심을 갖고 있지 않으면, 구성원 개개인은 물론 회사 전체가 손해를 보게 된다고 생각합니다."

"하루 중 대부분의 시간을 회사에서 보내기에 일 뿐만이 아니라 사람의 정신/육체적 건강을 케어 해야 하는 것도 필요하다고 생각합니다."

"이런 프로젝트가 있다는 것 자체가 위안의 대상입니다."

사실, 회사에서 직원들의 에너지를 관리하기 위해 여러 프로그램을 운영하는 것은 한계가 있다. 개인별로 취향도 다르고 에너지 생성시점과 생성정도도 다르기 때문이다. 평균치의 일반적인 프로그램을 제공해 줄 수밖에 없다. 결국 개인의 에너지 관리는 각자의 특성과 취향에 맞춰 스스로 챙겨야 한다. 그러기 위해서는 직장 밖에서의 삶을 잘 디자인하는 것이 필수다. 본인이 가장 큰 즐거움을 느끼는 활동을 '챙겨서' 해야 한다는 뜻이다. 자전거를 탈수도, 낚시를 갈수도, 아이들과 캠핑을 갈수도 있다. 어떤 아이템이든 상관없다. 다만, 직장 밖에서는 오롯이 '나'의 에너지를 채울 수 있는 에너지원을 찾아야 한다는 것이다.

직장인의 워크 라이프 밸런스 붐 역시 같은 맥락이다. 일과 삶의 균형이라고 하는 이 사회적 현상의 출발점으로 '라이프'만 강조하는 모습이 보이는데 이는 잘못된 것이다. 무엇보다도 워크와 라이프를 분리하는 것에서 시작해야 한다. 즉, 일을 할 때는 일에 몰입하고, 쉴 때는 자신의 생활 역시 엄격히 존중되어야 한다는 것이다. 그동안 우리는 일을 할 때도 일을 했고, 쉴 때도 일에서 자유롭지 못했다. 일과 삶이 뒤섞여서 어느 것 하나도 온전히 챙겨지지 않는 경우를 수도 없이 봐왔다. 그러니 아무리 '라이프'를 강조해도 삶의 질은 나아지지 않을 수밖에…

　　조과장은 대기업 10년차 직장인이다. 결혼한 지 8년차에 7살, 2살 딸의 아빠다. 아내 역시 아침부터 저녁까지 직장생활을 하는 전형적인 맞벌이 부부다. 아이가 취학 전이라 어린이집을 보낸다 하더라도 아침저녁으로 봐줄 사람이 필요했다. 아주머니를 구해봤지만 시간이 맞지 않고 탐탁치도 않다. 어쩔 수 없이 직장생활을 위해 장모님에게 부탁을 하게 되었다. 큰 아이는 유치원에 다니지만 둘째는 아직 너무 어려서 손이 많이 간다. 헌데 육아를 장모님이 하다 보니 아내는 늘 예민하다. 장모님이 큰 병을 앓은 경험도 있는지라 아내는 장모님이 아이를 보는 것에 늘 마음이 쓰인다. 그래서인지 조과장이 퇴근을 하면 집안일을 열심히 돕기를 원한다. 하지만 조과장은 하루 종일 피곤에 절어서 들어오면 서있을 기운도 없다. 그런데 심심찮게 회사에서 걸려오는 전화를 볼 때면 아내는 화가 나기 일쑤다. 조과장 역시 자신에게 잔소리가 늘어가는 아내에게 불만이 쌓여간다. 결국 조과장도 아내가 자신을 이해해주지 않는다는 생각에 폭발하고 만다. 이렇게 매번 부부싸움을 하게 되고, 풀어지지도 않은 채 서로에게 상처만 주는 경우가 많아지게 되었고, 결국 자체적으로 해결할 수 없을 정도의 상황이 된 후 부부심리 상담센터에 방문하여 조언을 받게 된다.

당신이 결혼을 해서 아이가 있다면 조과장 부부의 모습이 낯설지 않을 것이다. 조과장 부부에게 가정은 쉬는 곳이 아니라, 또 다른 스트레스의 시작점이었고 그로 인한 부부간의 신뢰 붕괴는 걷잡을 수 없이 커진 것이다. 이런 상태로 회사에서 일이 잘 될 거라 생각하는 사람은 없을 것이다. 부부싸움은 칼로 물 베기라 하여 어쩔 수 없는 것이라고 치부해서는 안된다. 부부싸움으로 인해 발생하는 에너지 소모, 우울증 등 심리적 영향은 무시하지 못할 수준이다.

자신의 에너지를 잘 관리하는 것은 엄연히 하나의 역량이다. 그러기 위해서 나의 에너지에 영향을 미치는 심리적, 육체적 환경을 잘 조율할 필요가 있다. 조과장의 경우 아내의 입장에서 좀더 생각할 필요가 있다. 아이를 봐주는 사람이 큰 병 앓은 자신의 어머니라면 내 기분이 어땠을까라고 아내 입장을 이해해 줄 필요가 있다. 그리고 맞벌이 부부라면 집안일은 '돕는 것'이 아니라 '원래 내가 할 일'이라고 생각해야 한다. '돕는다'라는 생각에서 출발하게 되면 집안일을 '해도 되고 안 해도 되는 것'으로 인식하게 되는 것이다. 회사에서 오는 전화 역시 조과장 본인을 위해서도 최소화하기 위해 노력해야 한다. 자신이 비운 사이에도 일이 진행될 수 있게 동료들과 평소에 적극적으로 공유해야 하고, 일정 시간 이후에는 전화를 받기 어려우니 꼭 필요한 경우에만 연락하라고 주변에 미리 양해를 구해야 한다. 가정에 있는 동안은 가족에 최선을 다해야 함은 당연한 것이다.

비슷한 이유로, 내가 아는 지인은 부부싸움 시간을 정해놓고 하기도 한다. 마찬가지로 맞벌이 부부인 그 지인은 평일이 아닌 금요일 또는 토요일에 부부싸움을 하고 주말에 모두 푸는 것을 원칙으로 한다. 만일 평일에 부부싸움을 하게 되면 풀어지지 않은 채 회사에 가게 되고 업무 집중도에 문제가 생기는 것뿐만 아니라 화해하는데도 더 많은 시간이 걸린다는 것을 알게 된 것이다. 물론 부부싸움은 어찌 되었든 서로에게 상처를 줄 수 있으니 꼭 필요한 경우에만 적당한 강도로 하는 것이 중요하겠다.

장자 '각의'편에는 '일을 너무 많이 하고 쉬지 않으면 육체는 피폐해지고 정신은 고갈된다(形勞而不休則弊, 精用而不已則勞, 勞則竭)'고 하여 자기관리의 중요성을 설파하고 있다. 명지대학교 김정운 교수는 저서 〈노는 만큼 성공 한다〉에서 두 농부의 사례를 들고 있다. 한 번도 안 쉬고 벼를 벤 농부보다, 쉬면서 벼를 벤 농부가 더 많이 벼를 베었다. 쉬는 동안 낫을 갈았기 때문에 더 많은 벼를 벨 수 있었던 것이다.

잘 쉬면서 본인의 에너지를 관리하는 것은 반드시 필요하다. 특히 당신이 남과 다른 결과물을 내고 싶다면, 계속해서 쉼 없이 일할 것이 아니라, 쉬면서 당신의 일을 한 발짝 떨어져서 바라볼 수 있어야한다. 그리고 맑은 정신과 건강한 신체를 유지하는 것은 앞으로 수십 년 넘게 남은 당신의 인생을 위해서 무엇과도 비교할 수 없이 중요한 부분이니 전략적으로 당신의 몸을 관리해야 함을 잊지 말자.

 Tip 자신의 에너지를 관리하는 것은 엄연한 하나의 역량이다. 자신에게 영향을 미치는 주변 환경을 효과적으로 조율하고 자신의 에너지를 전략적으로 관리하는 능력을 갖도록 하자.

5-4

일류와 이류의
한끗차이

당신이 이 책을 선택한 이유에는 답답한 현실 속에서 조종되는 삶이 아닌 주도적인 삶을 살고 싶은 마음이 크기 때문일 것이다. 나는 개인적으로 '월급쟁이들이 다 똑같지 뭐.'라는 푸념 섞인 말을 가장 싫어하고 동의할 수도 없다. 일과 상사를 내편으로 만드는, 속칭 일류로 평가받는 사람들은 절대 똑같은 월급쟁이가 아니기 때문이다. 그리고 내 경험상 그들의 가장 눈에 띄는 모습은 작은 성공에 집착하지 않는 것이었다. 즉, 일류는 작은 성공은 겉으로 드러내지 않고 사람들 사이에서 자연스럽게 회자되게 한다.

"김대리는 일도 잘하지만 주변사람들한테 참 잘해."
"그러게. 김대리 참 괜찮은 친구지. 근데 이번 달 우수사원으로 뽑혔대. ○○물산과 내년도 납품계약 건을 김대리가 진행했나봐. 협상도 잘했다고 하더라고."

반면, 이류는 성공경험이 드물기 때문에 작은 성공도 드러내고 싶어서 입이 근질근질한다. 그리고 사람들이 알아주지 않는다 싶으면 조바심을 내기 시작한다. 일류를 지향하는 당신이 드러낼 성공은 작은 것이 아니다. 일류가 드러내는 성공은, 남다른 성공이다.

그렇다면 일류와 이류의 크지 않은 차이는 어떤 것일까? 아래 3가지로 설명할 수 있다.

첫째, 일류는 주변의 기대치를 뛰어넘는다. Beyond the Expectation. 말 그대로 기대한 이상의 결과물을 창출하는 능력이다. 아니, 능력이라기보다 자세라고 하는 게 맞겠다. 기대를 뛰어넘는다고 해서 세상을 바꾸는 엄청난 아이디어를 뜻하는 게 아니다. 지금 하고 있는 일을 내가 기존에 해왔던 수준에서 멈출 것이 아니라 한발 더 나아가서 디테일을 챙기고 완벽을 기하는 모습을 의미한다.

재일교포 3세로 태어나 일본에서 가장 영향력 있는 비즈니스 작가로 평가받는 '김무귀'는 그의 저서 〈최고들의 일머리 법칙〉에서 '엑스트라 원 마일'의 중요성을 언급한다.

"일상의 일에서 '엑스트라 원 마일'을 갈 수 있느냐 없느냐는 수억 엔의 연봉을 제시하며 세계 각지에서 서로 데려가려는 톱 애널리스트와 눈에 띄지 않는 급여에 일손이 부족할 때만 고용되었다가 경기가 나빠지면 해고 대상 1순위에 오르는 그저 그런 애널리스트를 구분하는 경계선이 된다. 이것은 100미터 달리기 기록이 9.5초인 사람과 10초인 사람의 연봉에 세 자릿수만큼의 격차가 있는 것과 마찬가지다. 종이 한 장 차이로 능력이 거의 비슷하다면 조금이라도 경쟁자를 웃도는 노력이 있어야 좋은 평가를 받을 수 있다."

둘째, 일류는 훌륭한 팀플레이어다. 일류의 첫 번째 조건인 기대를 뛰어넘는 모습은 심기일전하고 노력하면 누구나 성취할 수 있다. 헌데 내가 지금부터 말하고자 하는 '팀플레이어'는 훌륭한 퍼포머(성과창출자)보다 더 복잡한 능력을 요구한다. 타인을 배려하고 공동체 의식을 갖는 것은 교과서 보다는 현실 세계에서 다른 수많은 사람들과의 상호작용에서 배우는 것이기 때문이다. 비범한 기술, 또는 화려한 학벌을 가지고 있더라도 소위 많은 능력자들이 팀플레이에서 무너지고 마는 이유가 여기에 있다.

'내가 혼자 하면 더 빠른데…'
'내 생각이 맞는데, 엉뚱한데 시간을 낭비하고 있어.'
'주변 사람이 나만 못한 거 같아. 내가 배울게 없어.'

아프리카 격언 중에 "혼자 가면 빨리 가지만 함께 가면 멀리 간다."라는 말이 있다. 생각해보면 아프리카 정글 또는 사바나 초원과 현재 우리가 처한 상황은 큰 맥락에서 공통점을 지닌다. 예측불허의 시대, 기존 공식에 없던 상황과 같은 모습이 언제 어디서 맹수가 달려들지 모르는 정글과 전혀 다를 게 없다는 것이다. 분명 혼자 움직이는 것보다 여럿이 함께 가는 것은 적지 않은 노력이 뒷받침되어야 한다. 다른 이들과 보조를 맞춰야 하고, 생각이 다른 구성원을 같은 방향으로 설득해야 하는 과정은 피곤하고 불필요하게 느껴지게 마련이다.

하지만 조직은 개인플레이로 성장할 수 없다. 더 직접적으로 말하자면 혼자서 일하려거든 조직을 떠나는 게 맞다. 당신이 아무리 혼자서 일하고 싶어도, 조직은 함께 일하게끔 설계되어 있다. 본인이 아무리 전문직이라 할지라도, 반드시 동료의 도움을 받기 마련이고 그 반대로 동료에게 도움을 줘야하게끔 되어 있다. 즉, 협업이야말로 현실의 문제를 유연하고 현명하게 해결하는 유일한 돌파구이다. 동료 간의 신뢰를 바탕으로 소통과 협업의 기술이 필요한 이유다.

팀플레이가 필요하다는 의견에 흔히 토로하는 고충이, 예전과는 달리 시대적으로 점점 더 개인주의화 되어간다는 얘기를 한다. 너나할 것 없이 점점 개인의 중요성을 강조하고 집단의 논리에 매몰되지 않고 개인의 의견을 피력하는 것을 서슴지 않아서 신구세대가 융화되기 어렵다고 하는 경우를 자주 본다. 그래서 '팀플레이를 하자'는 말이 자칫 꼰대의 얘기인 양 치부되어 섣불리 말하기 꺼려한다. 과연 팀플레이라는 말이 꼰대의 어휘일까?

우선 '개인주의'에 대한 시대적 정의를 바로 내리는 것부터 시작하자. 개인주의의 올바른 의미는 집단을 배척하자는 게 아니다. 역사적으로 볼 때 '개인주의'는 르네상스 시대에 들어와 본격적으로 발전한 사상으로, 중세 봉건시대의 교회중심 체제에 대한 반기로, 개인

신앙의 내면화를 주장한데서 비롯되었다고 한다. 하지만 현 시대를 사는 직장인에게 개인주의란 개인의 소중함을 뒤로한 채 육체적 정신적으로 스스로를 돌보지 않고 앞만 보고 달리다가 어느 순간 나락으로 떨어지는 선임 세대의 모습을 따르지 말자는 구체적인 행동지침을 뜻하는 의미로 해석된다. 즉, 자기 자신을 소중히 여기는 사람이 다른 이 역시 소중히 여길 수 있고 오히려 그런 사람이 더 건강한 성과를 낸다는 것이다. 그런 측면에서 기존의 집단 우선주의에 대한 대항으로서 적당한 개인주의는 바람직한 조직문화를 위해서도 반드시 필요하다고 생각한다.

하지만 일류는 개인주의, 즉 혼자만의 행복을 부르짖지 않는다. 일류는 스스로를 아끼되 팀의 성공을 위해 팀플레이를 하는 사람이다. 즉, 팀의 성공이 곧 개인의 성공에 큰 영향을 미친다는 것을 잘 알고 있으며, 팀의 목표달성을 위해 구성원으로서 무엇을 해야 하는지에 대한 판단이 빠른 영리한 사람을 가리킨다.

일류의 세 번째 조건은 끊임없이 배우고, 배운 것을 실천한다는 것이다. 직장인의 자기계발에 대해서 시중에 이루 셀 수 없을 만큼 많은 서적들이 나와 있다. 하지만 하는 얘기는 사실 비슷하다. 거꾸로 말하면, 어렵지 않은 논리이니 당신이 성장하는 방법을 쉽게 찾을 수 있다는 뜻이다. 자기계발서를 통해 성장하는 사람과 '책 한권 읽은 것'에 만족하는 사람은 분명히 나뉜다는 것을 명심하라.

일류가 배우는 것이 즐거운 이유는 배우는 것을 실제로 실천할 생각이기 때문이다. 실천할 생각으로 배우기 때문에 내용 하나하나가 소중하고 놓치지 않으려 한다. 즉 학습 체득력이 높다고 볼 수 있다. 당신 역시 무언가를 배운다면 반드시 실천한다는 상상을 하면서 접해보자. 당신이 배우는 것이 악기이면 누군가를 위해 노래 한곡을 연주할 생각을 해야 하고, 경매를 배운다면 낙찰을 받을 구체적인 플랜도 함께 세워야 한다. 어학을 배운다면 그 나라로 여행갈 티켓도 함께 끊고, 요리를 배운다면 요리 블로그를 운영해보겠다는 계획도 함께 세워라. 남의 얘기가 아니라 내 얘기가 될 것이라는 전제로 배우게 되면 아무리 작은 것도 반드시 의미가 있다.

일류는 배움에 한계를 두지 않는다. 즉, 자신의 업무 관련뿐만 아니라 다른 것에도 관심이 많다. 그렇게 다양한 방면에 관심을 가지고 배움을 통해 조금씩 전문성을 쌓게 될 경우 전혀 연관성이 없을법한 것들도 연결이 되며 같은 현상을 놓고 남다른 해석을 하게될 것이다. 적어도 독창적인 결과물을 바라는 사람들이 알아야 할 것은, 세상에 온전히 새로운 것은 없으며, 창의성은 서로 다른 것끼리 '연결'하는 과정에서 나타난다는 것이다. 이 점을 알고 다양한 경험과 지식을 쌓아갈 때 머지않아 당신은 융합적 인재로 평가받게 될 것임이 틀림없다.

'이류로 사는 것도 괜찮다.'

이건 일류를 경험해보지 못한 이류가 하는 말이다. 일류를 경험해 본 자는 이류의 삶보다 일류의 삶이 훨씬 유용하다는 것을 안다. 일류는 남다른 성과를 내고, 회사가 붙잡고 싶은 매력적인 직원으로 스스로를 포지셔닝 한 후 회사에 그에 합당한 대우를 요구할 줄 안다. 당신이 가진 능력은 당신이 생각하는 것보다 크다. 그리고 누구나 일류가 될 수 있는 기회가 온다. 다만, 당신이 일류가 될 준비를 하고 있는지에 따라서 그 시기는 내일이 될 수도 있고 내년, 그리고 다음 생이 될 수도 있다는 것을 알아야 한다.

일류는 주변의 기대를 뛰어넘고 팀플레이를 즐긴다. 또한, 배움에 있어 한계를 두지 않고, 실천할 생각으로 배우기에 체득력이 높다는 게 일류의 특징이다. 일류의 삶은 이류의 그것과 비교할 바가 아니다.

5-5

나만의 필살기를
가져라

나는 학창시절 독특한 경험을 한 적이 있다. 남들은 공부하기에 올인해서 밥 먹는 시간도 아까운 고3 수험생 시절에 운동을 시작했다. 우연찮은 기회로 학교 농구반 친구들을 사귀게 되었고 키가 좀 크다는 이유로 같이 운동을 하게 된 것이다. 물론 정식 농구부는 아니었기에 점심시간이나 남는 여가시간에 했지만 생각보다 꽤 심각하게 빠졌었다. 거의 매일을 운동을 했고, 주말에도 친구들과 만나서 시합을 하러 다녔다.

생각해 보면 그렇게 시간을 허투루 쓰게 되면 성적이 떨어졌을 법한데, 아이러니하게도 성적은 계속 올라갔다. 내 안에 운동에 대한 갈증이 있었는지, 운동을 하면서 공부하는 시간이 줄어든 데 반해 기억력과 집중력이 높아져서 시간을 오히려 효율적으로 쓸 수 있게 된 것이다. 나에게 고3 성적상승의 비밀은 아이러니하게도 운동에 있었다고 해도 과언이 아니다. 덕분에 누구보다도 즐거운 고3 시절을 보냈던 기억이다.

나만의 해결법을 찾아서 빛을 발하는 케이스는 특히 스포츠에서 많이 볼 수 있다. 평발이라는 핸디캡을 딛고 맨체스터유나이티드의 레전드로 인정받은 박지성. 그도 화려한 플레이어는 아니다. 하지만 누구보다도 공간창출 능력이 뛰어났고 누구보다도 헌신적으로 움직여서 결국에는 팀을 이기게 만드는 능력, 이것이 그의 필살기였다.

"맨유에서 '나는 도대체 뭘 해야 여기서 살아남을 수 있을까'에 대한 고민이 많았다. 결국 나만의 장점에 집중했던 것 같다. 내가 가진 장점은 분명히 다르니까 그 장점을 얼마나 보여주느냐에 달렸다고 생각했다."

미켈란젤로는 '조각이란 돌덩이 안에서 잠자고 있는 이상적인 형태를 해방시키는 과정'이라고 했다. 사람은 저마다 성공의 욕구가 있고 자기가 가장 잘하는 일로 인정받고자 하는 욕망을 가지고 있다. 태어날 때부터 천성적으로 가지고 있는 이런 원석을 잘 발굴하고 다듬고 빛을 내어 보석이 되게끔 해야 한다.

일반적으로 사람들은 자신의 잠재역량보다 작은 일을 하고 있다. 해낼 수 없다는 생각이 해낼 수 없는 현실을 만드는 것이고, 반대로 해내겠다는 생각을 가진 사람은 기필코 해내고 마는 경우가 많다.

직장생활도 이와 다르지 않다. 내가 가진 능력 중 강하게 어필할 수 있는 것을 찾아야 한다. 그리고 그 능력을 갈고 닦아서 그 부분에 있어 상위 10% 안에 들어야 한다. 그래야 필살기로 인정받는다.

이전 회사의 인턴 중에 K군과 B군이 있었다. 인턴제도에 대해서는 잘 알겠지만, 일정한 인턴 기간 동안 업무를 수행하며 그 중 우수한 성과를 거둔 자에게 정식 채용될 수 있는 기회가 부여된다. K군은 지방대 출신에 자신의 영역에서 그런대로 성과는 거두고 있었지만 정식채용 되기에는 부족한 수준이었다. 그리고 B군은 수도권 최우수대 출신으로 주위의 관심과 이목을 끌었고 상사와의 대화에서도 똑똑함이 묻어나는 말솜씨로 호감을 사고 있었다. 하지만 업무능력은 기대에 미치지 못하여 성과가 뚜렷하지 못한 상황이었다.

인턴기간이 종료 될 시기가 다가오면서, 인턴들은 자신들의 능력을 어필하기 위해 사력을 다했다. 물론 기본 배경이 약하고 성과가 모자란 K군, 잠재력은 충분하다는 평가 B군 모두 예외는 아니었다. 자신에 대한 주위의 평가를 인지하고 있던 두 사람은 마지막 리포트를 준비하고 있었다. 주제는 '신사업 도입을 위한 시장 분석'이었다.

K군은 우선 리포트의 폭과 깊이를 더하기 위해 각 경쟁회사별 지난 수년간의 성장률과 주요 아이템, 향후 분석, 그리고 자신의 평가까지 포함하여 작성하였으며, 경쟁회사 중 가장 선도기업의 담당자와의 개인적인 미팅 자리를 만들어 경쟁회사 내에서 생각하고 있는 해당사업의 성장잠재력에 대한 의견도 곁들였다. 그리고 모든 자료의 출처를 기재하여 보고받는 사람에게 자료의 신뢰도를 높였다.

반면 B군은 같은 주제에 대해 회사의 이전 유사 검토 자료부터 찾았고, 인터넷에 오픈된 검증되지 않은 자료 역시 참고로 하여 보고서를 작성했다. 그렇다보니 당연히 자료출처를 밝히지 못했다.

결과가 어떠했는지 군이 말하지 않아도 알 것이다. K군은 최종 결정시점에 본인이 가지고 있는 네트워크와 능력을 최대치로 발휘했다. 학벌과 잠재력에서 뒤진 채 B군에게 자칫 정식직원의 자리를 넘길 뻔한 상황을 거꾸로 활용하여 K군 본인의 능력을 어필할 수 있는 자리로 바꾼 것이다. K군의 이러한 채용 스토리는 이후로도 학교 후배들에게 전해졌을 뿐만 아니라, 그 보고서 포맷은 이후 인턴직원들의 채용족보가 되었다. K군은 현재도 회사 내에서 두각을 드러내며 우수인재로 인정받고 있다.

나만의 필살기라 하여 엄청 거창하고 대단한 기술을 생각할 필요는 없다. 실제 직장에서 가장 유용한 능력은 동료의 협조를 잘 얻어내는 능력이다. 필요한 자료를 적시에 원활하게 협조 받는 능력. 이것은 업무능력 보다 조직지능이 필요한 영역이다. 이렇게 동료의 협조를 잘 받는 사람은 평소에도 감사를 표현하는데 능하다는 공통점이 있다. 자료를 공유 받게 되면 진심으로 감사를 표하고 같은 자료를 두 번 받지 않게 협조 받은 자료는 찾기 쉬운 방식으로 보관한다. 컴퓨터 파일관리 기술이 필요한 이유이기도 하다. 위에서 예로든 K군 역시 같은 회사가 아님에도 개인적인 친분을 이용해 경쟁사의 현황을 모니터링해 보고서에 반영하는 성과를 거두었다. 별것 아니라고 생각할 수 있겠으나 사실 그 별것 아닌 작은 차이에서 당신의 평판은 결정되어진다는 점을 알아야 한다.

그렇다면 나의 필살기는 어떻게 찾을 수 있을까? 우선 내가 가장 칭찬받는 일, 내가 하면서 즐거운 일이 어떤 것인지 아는 것에서부터 시작한다.

"회사생활 하는데 그런 일이 어디 있어? 하라면 하는 거지…"

이런 생각은 당신을 전혀 앞으로 나아가지 못하고 평생 시키는 일만 하다가 마무리하게 만들 것이다. 나의 강점 중의 강점, Best of Best를 찾아내는 과정이 반드시 필요하다. 아무리 생각해도 강점이 보이지 않는다면, 내가 하는 일을 비틀어 생각해보자. 왜 꼭 이런 방식으로 해야 하는지, 내가 평소에 이상하게 생각했지만 그냥 하라는 대로 해왔던 일, 이런 일을 자신이 원하는 방식으로 방법을 비틀어서 생각해 보자. 이미 세상은 직장이 아니라 직업이 중요해진 시대이다. 당신이 하고 있는 방식은 이미 다른 사람들이 해왔던 방식이고 당신의 차별점을 드러낼 수 없는 방식이다. 자신을 드러내고 싶다면, 당신이 하고 있는 일에서 당신만의 Closing 방법이 필요하다. 매번 같은 일을 같은 방식으로만 해서는 남보다 앞설 수 없다. 당신만의 Closing 방법을 찾아내게 되면 그것이 바로 당신이 내놓을 수 있는 카드가 되는 것이다.

우리는 아등바등 하지 않고 편하게 살고 싶어 한다. 그러면서도 좋은 연봉과 정년을 보장하는 이상적인 직장을 찾아 헤맨다. 하지만 명심하라. 그런 회사는 없다. 좋은 연봉을 주는 곳은 반드시 그럴 만한 이유가 있다. 다른 곳보다 스트레스가 많던지, 오래 다니기 힘든 직종이던지, 일의 양이 엄청나게 많던지. 반드시 그 이유가 있다. 당신이 원하는 '주체적이면서 경제적 자유가 있는 삶'은 쉽게 주어지는 것이 아니다.

내가 당신에게 해주고 싶은 말은, 당신의 가치를 높여야 한다는 것이다. 비록 취업을 할 때는 '말 잘 듣고 착한' 직원으로 뽑혔을지 몰라도 시간적 경제적 자유를 누리기 위해서는 '희소성' 있는 인재가 되어야 한다. 다른 직원이 이틀 걸려 해결할 문제를 당신이 2시간 만에 풀어내면 당신은 그만큼의 연봉을 더 받게 되는 것이다. (적어도 이직할 때 이런 능력은 매우 효용가치가 높다) 그러기 위해서라도 당신만의 필살기를 가지고 자신을 브랜딩하자. 협상의 달인, 엑셀의 달인, 보고의 달인, 프로그래밍의 달인… 당신이 스스로를 브랜딩할 수 있는 종목은 차고도 넘친다. 이를 먼 산 바라보듯이 볼 것이 아니라 나에게 맞는 브랜드는 어떤 것일까 하는 고민을 해야 한다. 자기 자신이 가장 하고 싶고 즐거워하고 어떤 것을 필살기로 만들고 싶은지 아는 사람은 자신밖에 없다는 것을 잊지 말자.

Tip 당신만의 Closing 방법을 찾아내어 남과 다른 당신을 드러낼 수 있는 기회를 만들어야 한다. 당신만의 가치로 당신 스스로를 브랜딩하는 것이 당신만의 필살기를 만들어내는 첫 번째 단계이다.

5-6

'내가 만약 사장이라면…'이라고
생각하며 일하라

나는 업무 특성상 외부 협력사와 협업이 잦다. 다양한 중소 규모 회사들의 제안을 받고 검토하며 어떤 가치를 창출할 수 있을지 고민한다. 이러한 제안을 받을 때 몇 가지 특징이 있다. 사장이나 중역이 직접 와서 설명을 하는 경우와 실무진 급이 와서 설명을 하는 경우이다.

전자의 경우 사장이나 중역은 이 제안을 왜 하는지와 어떤 목적으로 업을 하는지를 알고 설명을 하지만 후자는 그렇지 못한 경우가 많다. 물론 실무진 중에서도 리더십을 가지고 업에 대한 명확한 소명의식을 보여주는 경우가 있지만, 대부분의 실무진은 본인의 상사에게 좋은 결과를 갖다 주기만을 바라므로 생각의 폭이 한정된다.

"국장님, 이번에 재계약 안 되면 저 잘립니다."

이런 말을 하는 경우, 또는 말하지 않더라도 행동에서 보여지는 사람들이 있다. 안타깝지만 이런 마인드로는 어떤 계약도 따내기 어렵다. 세상은 당신이 잘리지 않게 하기 위해 계약을 해주지 않는다. 내년에는 올해와는 또 다른 어떤 가치를 부여해줄 수 있는지를 제안해야 한다. 당신이 이 일을 하는 이유가 '월급'을 받기 위해, '승진'하기 위해, '해 왔기 때문에'라면 당신의 결과물은 안타깝지만 뻔하다.

사장인 것처럼 일하라는 말은 직장에서 참 많이 듣는 말 중에 하나다. 당신도 이렇게 생각할 것이다. '사장이어야 사장처럼 일하지', '사장처럼 일하면 월급도 사장만큼 주냐'고… 그런 마음 충분히 이해한다. 생각을 좀 바꿔보자. 이런 말들은 사장처럼 일해서 이득을 보는 것이 회사라고 생각하는 것에서 시작한다. 하지만 나는 이 책을 통해 처음부터 끝까지 일관되게 당신에게 얘기하는 것이, 회사를 위해서가 아니라 자기 자신을 위해서 일을 잘할 필요가 있고, 상사와의 소통을 통해 세상 보는 눈을 넓히고 아직 한 번도 만난 적 없는 수많은 사람들을 언제 어디서든 만나더라도 호감을 끌어낼 수 있는 방법을 얘기하고 있다. 즉, 이 책은 당신 자신의 성장을 위한 조언이고, 이책을 읽는 당신은 이 책 내용을 적극적으로(최소한 한 번이라도) 실행해봄으로써 새로운 자신을 발견하는 것이 목적임을 잊어서는 안 된다.

그렇다면 당신이 사장처럼 일하게 되면 어떤 이득을 얻게 될

까? 회사가 아니라 당신 자신이 말이다.

우선 당신은 업무를 바라보는 생각의 폭이 달라진다.

당신이 직장생활을 처음 시작한 사람이 아니라면 내일 출근하여 당신의 PC에서 5~6년 전 보고서를 찾아보길 바란다. 아마도, 손발이 오글거리고 생각의 폭이 이 정도 밖에 되지 않았나 하는 생각에 웃음이 날 것이다. 단지 한 직급 전에 만든 자료인데 말이다.

사장은 한 부서의 의견을 전적으로 믿지 않는다. 믿음이 없어서가 아니라, 각 부서는 자기 부서의 이익을 중심으로 각종 제안을 하기 때문이다. 하지만 사장은 그 제안이 미치게 될 회사 전체의 영향에 대해 고민해야 한다. 폭넓은 시야를 가지고 여러 부서간의 상관관계를 이해하고 전체의 입장에서 회사에 도움이 되는 방향으로 판단한다. 그러기 위해 사장은 모든 부서가 어떻게 돌아가고 있는지 파악하고 있어야 하고, 그래서 사장이 주관하는 회의가 그렇게 많은 것이다.

거꾸로 말하면, 당신이 제안하는 내용에 당신 부서의 입장뿐만 아니라 타 협업부서, 회사 전체, 사안에 따라서 협력사와 지역사회에 미치게 될 유무형의 파급력까지 감안하게 된다면 사장의 입장에서는 본인이 판단해야할 부분까지 도와준 셈이 되므로 당신의 능력이 돋보여질 수밖에 없다.

사실 타부서에 미칠 영향을 판단하기는 어렵지 않다. 그렇다면 회사 전체, 협력사, 지역 사회에 미칠 영향을 어떻게 판단할 것인가? 1장에서 언급했지만 외부 세미나, 경제매거진, 교육과정을 통해 시야를 넓히는 활동이 필요하다. 생각보다 어렵지 않으니 약간의 시간과 비용을 투자하여 보다 넓고 크게 보는 능력을 기르도록 하자. (직어도 연간 20~30만원짜리 경제매거진 구독은 필수이다. 경제매거진으로 연봉 20~30만원은 올릴 수 있으니 이 정도는 과감하게 투자하라. 더불어 그 과정에서 팽창할 당신의 지적DB는 가치를 매길 수 없을 정도이니 무조건 남는 장사이다) 그를 통해 업무지식 뿐만 아니라 자신과 비슷한 고민을 하는 직장인들이 생각보다 많음을 알게 되고, 마음의 위안도 얻게 됨은 덤이다.

두 번째, 사장처럼 당신은 '주인의식'이라는 것이 생긴다.
당신이 업무를 대하는 자세가 달라진다는 것이다. 성공학의 대가 브라이언 트레이시(Brian Tracy)는 여러 강연을 통해 주인의식이 어떻게 성공으로 이어지는지 강변한다.

"지금 회사를 자기 회사로 생각하는 사람은 조직 내 상위 3% 안에 듭니다. 우리의 가장 큰 실수는 우리는 그 누구도 아닌 우리 자신을 위해 일한다는 사실을 생각하지 않는다는 것이죠."

회사의 입장에서도 가장 소중한 사람은 회사를 자신의 것으로 생각하며 일하는 사람이다. 회사는 그런 사람을 놓치지 않는다. 내 일에 대한 주인의식을 갖는 것은 조직에서 스스로의 가치를 높이는 가장 빠르면서도 확실한 방법이다. 결과물 퀄리티는 비교할 수 없을 정도이다. 세상도 그런 점을 알기에 직원들이 만족감을 가지고 열정을 발산할 수 있게 제도적 물리적 환경을 만드는 것이다.

마지막으로, 사장처럼 당신은 신규 아이디어를 제안하기 시작한다.

　당연하다고 생각했던 것들이 의아하게 보이기 시작할 것이다. '이걸 왜 꼭 이렇게 해야 하지? 이 작업은 정말 시간 낭비인 것 같은데 없애게 되면 어떤 문제가 생기게 되지? 그리고 얻게 되는 이득은 뭐지?' 달라진 당신의 모습에 스스로 새삼 놀랄 수도 있다.

　새로운 아이디어의 출발점은 현실에 대한 불만 또는 불편에 대한 개선의식에서 시작한다. 유명한 영화 제작자이자 성공한 기업가인 케이시 네이스탯(Casey Neistat)은 '어떤 창조적인 프로젝트를 해야 할 지 모르겠다면 자신의 분노를 따라가 보라'고 했다. 그런 점에서 불만과 불편은 창조의 시작점이다. 차이점이 있다면 많은 직장인은 현실에 대한 불만과 불편을 '느끼는' 수준에서 멈추고 만다는 것이다.

　"불편하지만 이런 얘기해서 뭐해. 나만 불평분자로 보겠지. 얘기 안 하는 게 나아."

　헷갈리지 말아야 할 것이, 불평만 얘기하는 것이 아니라 개선 방안까지 고민해보자는 것이다. 눈앞의 문제를 그냥 지나칠 것이 아니라, 왜 이런 문제가 생기고 그 이면에는 어떤 로직이 있는지를 확인해야 한다. 그리고 나름의 해결할 수 있는 방법을 찾아내는 것이 주인의식의 완성이다.

　"국장님. 이 프로세스는 과도한 것 같습니다. 이 업무의 목적이 직원들의 민족도 제고인데 오히려 프로세스가 과도해서 직원들이 불편을 겪는 경우가 적지 않습니다. 프로세스를 더 단순화하되 그 과정에서 생길 수 있는 법률적 리스크는 사전 체크해서 진행해 보는 게 어떨까요?"

껍질을 내가 깨면 병아리가 되지만 남이 깨주면 계란 후라이가 된다는 말이 있다. 표현이 우습긴 하지만 계란으로 태어나서 후라이로 생을 마감한다고 생각해보면 뒷목이 서늘하다. 당신도 동의한다면 주인의식을 가지고 당연하다고 생각했던 지금의 룰에 물음표를 던져보자.

〈일한다면 사장처럼〉의 저자 류랑도 박사는 저서를 통해 사장, 임원, 팀장, 팀원 각각의 역할을 나누어 설명하고 있다. 사장은 10년, 임원은 5년, 팀장은 1년을 책임지는 사람이고, 팀원은 '오늘'을 책임지는 '사장'이라고 하여 졸병 근성을 청산하고 주인의식으로 무장해야 한다고 역설하고 있다. '상사의 생각이 어떨까'를 고민하지 말고, '내가 사장이라면 어떻게 판단할까'를 문제해결의 첫 번째 질문으로 던져보라. 만약 당신이 이런 고민을 한다면 그 과정에서 당신은 당신이 생각하는 것보다 훨씬 가치 있고 많은 사람들에게 영향을 미치는 존재라는 것을 알게 될 것이다. 스스로의 가치를 알면서 주변 동료를 아끼는 당신은 상위 3%안에 드는 훌륭한 인재이다. 크게 성공할 가능성이 매우 높다. 사장 연습은 그렇게 시작하는 것이다.

'내가 만약 사장이라면'이라고 생각하며 일하라. 그러면 당신은 업무를 대하는 생각의 폭이 넓어지고 주인의식이 생기며 새로운 아이디어를 제안하게 될 것이다. 기회는 스스로 만들어 나가는 것이다.

Tip

배움의 선순환을 시작하십시오

제가 초등학교 6학년 때였습니다. 벌써 30년도 지난지라 기억
나는 것이 많지 않지만 한 가지 또렷한 기억으로 남는 것이 있습니다.
바로 자신의 좌우명을 써오라는 숙제를 받았을 때였는데, 여느 아이
들처럼 저 역시 이전까지 좌우명이라는 것에 대해 생각해 본 적이 없
었던 터라 이 숙제를 받고 꽤 많이 고민했던 기억이 납니다.

성실, 정직과 같은 어느 집에나 있을 법한 가훈 같은 좌우명
은 쓰기 싫었고, '공부를 열심히 하자', '훌륭한 사람이 되자' 같이 초
딩다운 좌우명은 더더욱 싫었습니다. 그렇게 고민하던 차에 어느 순
간 전구에 불이 들어오듯 떠오른 말이 '스스로 노력하라' 였습니다.
스스로 노력하라… 13살 나이에 비하면 꽤나 철학적이었죠. 그리고
그 좌우명은 세월이 흘러 40 중반을 살아가는 지금까지 저에게 큰 힘
이 되고 있습니다.

환경을 탓하기보다 내가 바꿀 수 있는 것에 집중했고, 내가 바뀌면서 환경도 바뀌는 경험을 수도 없이 해왔습니다. 어려운 문제를 풀기 위해 맨땅에 헤딩하는 마음으로 책을 읽고 교육과정을 들었던 적도 많습니다. 회사에서도 처음 접하는 일이면 관련 서적 3권은 무조건 읽고 감을 잡았습니다. 책 3권만 읽으니 업계 종사자와 대화를 하는 게 어렵지 않고 그쪽 세계의 단어를 써서 얘기를 하니 오히려 전문가로 인정해주더군요. 이런 과정을 통해 환경이 바뀌어가는 상황이 무척이나 흥미로웠습니다. 책 3권만 읽었을 뿐인데 말이죠. '스스로 노력하라'는 7글자가 어려운 현실을 맞닥뜨릴 때마다 극복해내고 좋은 결실을 맺는데 큰 역할을 했음은 틀림이 없습니다.

직장인들이 지대한 관심을 가지고 있는 경제적 자유에 대해서도 마찬가지 입니다. 현실이 워낙 팍팍하다보니 경제적 자유를 빼놓고 성공을 얘기한다면 뜬구름 잡는 소리라고 할 것입니다. 로또를 사겠다, 부동산 투자를 하겠다, 저평가 우량주식을 사겠다. 등등 경제적 자유가 직장에서 벗어나 자유인이 될 수 있는 필수 요건이기에 이렇게 대답하는 것은 당연합니다.

하지만 한 가지! 로또는 천운이 따르는 것이라 제외한다 쳐도 다른 어떤 것이라도 배움이 뒤따르지 않으면 허망한 결과로 이어지게 된다는 것을 알아야 합니다. 운 좋게 한두 번 주식으로 이득을 보더라도 세 번째 베팅에서 그간의 이익을 다 까먹고 오히려 마이너스를 지는 경우를 너무나 많이 봐왔습니다. 그 정도 봐왔으면 진리라고 할 수 있을 정도입니다. 무턱댄 투자는 성공할 수가 없습니다. 그러니 여러분, 무엇을 하든 배우셔야 합니다.

이 책에서 하나만 강조하라고 한다면 저는 망설임 없이 '배움'이 가장 중요하다고 말하겠습니다. 배우면서 시야가 넓어지고 지나치던 것들이 눈에 들어오기 시작합니다. 주변 사람들의 행동이 다르게 보이고, 내가 하는 일에 다른 가치가 느껴집니다. 자연히 호기심이 생기기 시작하고, 이어서 조금 더 배우고 싶다는 생각이 들게 됩니다. 배움의 선순환이 시작되는 것이죠.

일본의 치과의사이자 베스트셀러 작가인 이노우에 히로유키 역시 인생에서 가장 중요한 것은 배움이라고 하며 무엇을 배워야 할지 모르겠다고 하는 사람들에게 다음과 같이 안내합니다.

"배움은 지금 자신이 하는 일, 구체적으로 말하자면 지금 맡은 업무나 관련 영역의 공부부터 시작하는 것이 타당합니다. 지금 하고 있는 업무는 어느 정도 숙지하고 있기에 무엇을 배우면 좋을지 윤곽을 잡기 쉬울 것입니다."

당신이 이 책을 열어보는 것도 배움의 한 과정이니 제가 옆에 서 있다면 박수를 쳐 드리고 싶습니다. 분명 이 책을 읽고 난 지금의 당신은 이전과 달라져 있을 것이라 믿습니다. 성공적인 인생을 위해 필요한 요소들, 그리고 조직 내에서 자신을 둘러싼 상황을 유리하게 바꿀 수 있는 많은 지식을 알려드렸으니 이제 제대로 배우고 계속해서 익히는 과정만 남았습니다. 배운 것을 배운 것에서 그칠 것이 아니라 작게라도 실천하는 행동주의자가 되어야 합니다. 시도조차 하지 않으면 100% 실패이지만 일단 시도를 하게 되면 반반, 즉 성공할 가능성이 50%까지 올라간다는 말이 있습니다. 아무것도 하지 않으면 아무것도 변하지 않습니다.

늘 세상에 호기심을 가지고 작은 것이라도 배우는 즐거움을 가져보시기 바라며, 당신의 앞날에 행운이 깃들기를 진심으로 응원합니다.

일과 **상사를** 내편으로 만드는
직장인의 작은 습관
일.상.내편

부록

일과 상사를
내편으로 만드는
100가지
노하우

001
일의 시작은 내 자리와 내 역할을 명확히 하는 것에서 시작합니다.
내가 아닌 누구라도 내 자리에 온다면 해야 할 역할이 무엇일까 자문해 보세요.
-
002
직장 내에 상사나 후배를 가리지 않고 배울만한 사람은 적극적으로 멘토로 삼으세요.
-
003
시키는 일만 하는 것은 쳇바퀴 돌게 됩니다. 시키는 것 이상을 생각해내고
잘 해내는 직장인이 되십시오.
-
004
남들이 꺼려하는 것을 먼저 자청해서 행동으로 옮기는 조직의 해결사가 되십시오.

005
회사가 어려울 때가 오히려 기회! 그 위기를 기회로 삼아
당신이 돋보일 찬스를 만드십시오.
-
006
언젠가는 당신도 CEO가 되어야 할 사람! 매일매일을
CEO처럼 사고하고 행동하십시오.
-
007
워라밸은 직장인의 대세! 일과 생활의 적당한 균형을 찾는 사람이 일을 더 잘합니다.
-
008
자기 몫만 챙기려고 하면 여전한 인생! 이기적인 사람은 리더가 되기 힘듭니다.
-
009
상사와 맞서려 하지 마십시오. 오히려 적극적으로
상사의 고민을 함께 해결해 가십시오.
-
010
계절이 끝나갈 때쯤, 직장 생활의 초심을 돌아보십시오.
백미러는 질주를 도와줍니다.

011

연봉을 높이고 싶다면 자신이 회사를 위해 헌신했다는
포트폴리오를 꼼꼼히 준비하세요.

-

012

직장생활을 잘하려면 자기 말을 많이 하기보다 상대방의 말을 많이 들어야 합니다.

-

013

리액션은 예능에만 있는 게 아닙니다. 상사의 말에 적절한 리액션을 보내세요.

014

모르는데 아는 척하면 그게 더 모르는 겁니다.
모르는 것에 솔직하고 알려고 노력하세요.

015

직장 내에서 예측 불가능한 럭비공이 되지 마십시오. 언행일치가 중요합니다.

-

016

회의는 짧고 굵게 하십시오. 아무리 중요한 회의도
시간이 길어지면 집중력이 떨어집니다.

017

개인적인 문제를 직장에 끌어들이지 마세요.
사적인 말다툼은 사무실 밖에서 통화하십시오.

018

계속해서 마감 시간을 늦춰 달라는 요청은 당신을 무능력자로 비치게 합니다.
어떻게든 마무리를 하겠다는 마음을 가져보세요.

-

019

전문가가 되십시오. 지금 당신이 하고 있는 일을 전문가의 경지로 끌어 올리십시오.

-

020

사무실 내에 고민을 털어놓을 동료를 하나 정하십시오.
고민이 없는 직장인은 없습니다.

021
문제 해결 프레임워크 하나 정도는 마스터 하십시오.
다른 이와의 차별화는 거기서 시작됩니다.

-

022
바람개비를 돌리려면 바람에 정면으로 맞서야 합니다.
위기는 나를 성장시킨다는 믿음으로 맞서십시오.

-

023
포스트잇을 적절히 활용하십시오.
번뜩이는 아이디어가 떠오르면 모니터에 붙여 놓으세요.

-

024
단순 반복 업무는 몰아서 한 번에 처리하십시오.
단순 반복 업무는 한 번에 잡지 못하면 계속 반복됩니다.

-

025
건강을 챙기세요.
일하는 틈틈이 손목 스트레칭, 목과 등 스트레칭 등으로 몸 관리를 하세요.

-

026
자신의 기억력을 절대 과신하지 마세요. 상사의 지시나 업무 진행을 꼭 메모로 남기세요.

-

027
시간 나는 대로 엑셀이나 파워포인트 등 오피스 프로그램을 익히고 숙달하세요.

-

028
아주 작은 일에도 감사의 표시를 절대 잊지 마세요.
감사하는 사람에게 감사할 일이 옵니다.

-

029
눈치와 센스는 다릅니다. 자기 자신만을 챙기는 것이 눈치라면 상황을 유리하게
만드는 것이 센스입니다. 센스 있게 먼저 움직이는 발 빠른 직장인 되십시오

-

030
껄끄러운 상대가 있다면 먼저 다가가 보세요.
'편견'이라는 한 꺼풀을 걷어내면 당신의 좋은 지지자가 될 수도 있습니다.

031

질문은 자신에게 먼저 던지세요.
그 질문에 답을 찾은 후에 동료들에게 질문하세요.

-

032

회식할 때는 초코우유나 계란을 챙기세요.
초코우유나 계란은 알코올을 분해하는 데 효과가 좋습니다.

-

033

아침밥을 절대 거르지 마세요. 아침밥을 거르면 무기력하고 뇌 기능도 저하됩니다.

-

034

커피보다 물을 많이 드세요.
졸리거나 머리가 무거울 때 물을 드시면 몸과 마음이 가벼워집니다.

-

035

직장인 사춘기는 피할 수 없습니다. 기존의 루틴을 부수고,
지식에 경험을 더해가며 지혜롭게 이겨내십시오.

-

036

월급 관리를 야무지게 하세요. 새나가는 돈을 막고 금융 지식을 키우세요.

-

037

번아웃 증후군에서 탈피하세요.
하얗게 불태운 과로는 그다음 일에 무기력을 부릅니다.

-

038

보고서는 최대한 쉽고 심플하게 쓰세요. A4 용지 한 장안에 다 담으려고 노력하세요.

-

039

예의 있는 사람이 되세요. 예의 있는 사람은 가지고 있는 능력도 돋보이게 합니다.

-

040

직장인이여, 회계하십시오! 내 분야가 아니라고 해도 회계를 알아 두면
CEO처럼 사고할 수 있습니다.

041
실수 앞에서 솔직하십시오. 실수에서 배운다는 자세로 움츠러들지 말고
적극적인 사람이 되십시오.

-

042
전화 예절을 익히십시오. 전화는 3번 안에 받으시고 항상 메모지와 펜을 준비하십시오.

-

043
외부 교육과 세미나에 적극적인 사람이 되십시오. 배우려는 자는 성공도 빨리 옵니다.

-

044
매번 같은 패턴을 허물십시오. 출근 시간을 바꿔보고,
점심시간도 다르게 활용하십시오.

-

045
동료와의 수다를 권합니다. 서로 정보도 교환하고 친밀도도 높일 수 있습니다.

-

046
지금 진행중인 핵심업무는 언제든 대답할 수 있게 준비하십시오.
상사의 믿음을 사는 작지만 강력한 방법입니다.

-

047
상사도 피드백이 필요합니다.
눈치만 보지 말고 논리적으로 예의 바르게 의견을 주십시오.

-

048
오래 일하는 것에 집중하기보다 주어진 시간에 효율적으로
일하는 방법에 집중하십시오.

-

049
불평불만을 너무 자주 쏟아내지 마십시오. 긍정적인 사람이 성공할 확률도 높습니다.

-

050
당신이 속한 프로세스를 익히십시오.
회사의 프로세스를 알아야 일의 효율이 높아집니다.

051
일이 잘 안 풀릴 때면 가끔 산책을 하십시오.
회사 주변을 10분 정도 걷는 것도 좋습니다.

-

052
그날 할 일의 리스트를 적으십시오.
순번을 매겨 급한 일을 하나씩 쳐내는 희열을 느끼십시오.

-

053
깨진 유리창의 법칙을 명심하십시오.
직장에서는 작은 실수도 반복하게 되면 돌이킬 수 없는 평판이 됩니다.

-

054
하루에 한번, 적어도 일주일에 한번은 꼭 명상을 하십시오.
당신을 일으켜세우는 가장 확실한 방법입니다.

-

055
거절의 기술을 배우십시오.
상대를 기분 나쁘지 않게 적절하게 거절하는 방법을 익히십시오.

-

056
항상 당당한 이미지를 연출하십시오.
일 잘하는 사람, 겸손한 사람, 솔직한 사람의 이미지를 구축하십시오.

-

057
업무를 시작하기 15분 전에 당신이 할 일을 다이어리나 메모장에
꼭 손글씨로 정리하세요.

-

058
보고할 게 많은 직장인들, 보다 적극적으로 중간보고를 생활화하십시오.

-

059
복장은 깔끔한 게 좋습니다. 좋은 인상이 능력이 좋은 사람으로 비칩니다.

-

060
직장인은 말과 글로 소통합니다. 언제나 당당하고 자신 있는 말투를 연습하십시오.

061

책을 많이 읽으십시오. 한 달에 업무에 관련된 책 3권 이상은 꼭 챙겨서 읽으십시오.

-

062

무조건 일을 많이 하는 게 아니라 효과적으로 일하십시오. 효율적인 방법을 찾으십시오.

-

063

일을 집에 가지고 가지 말고 퇴근 시간에 최대한 끝낸다는 마음으로 일하십시오.

064

자리를 비울 때는 주변에 얘기하는 습관을 들이십시오.
당신이 없는 동안 동료가 당신을 대변하도록 하십시오.

-

065

남들이 기피하는 힘든 과제를 먼저 나서서 해 보십시오.
상사가 당신을 보는 눈이 달라집니다.

-

066

어려운 일이라고 해도 어렵지 않다고 긍정적 허세를 내보이십시오.
진짜 어렵지 않게 됩니다.

-

067

지능지수보다 배려 지수를 높이십시오.
상대를 잘 배려하는 사람이 일도 야무지게 합니다.

-

068

등을 구부정하게 하거나 발을 질질 끌며 걷지 마십시오. 걸음걸이도 업무태도입니다.

-

069

동료에게 전폭적인 신뢰를 보내십시오.
같이 일하는 사람을 믿지 않고 누구를 믿겠습니까.

-

070

명함관리 앱이나 일정관리 앱 등
직장인에게 유용한 어플을 다운받아 적극 활용하십시오.

071

하나의 이메일에 여러 가지 내용을 담지 마십시오.
하나의 이메일에는 하나의 메시지만 담으십시오.

-

072

이메일의 제목은 내용이 무엇인지 한눈에 알 수 있게 하십시오.
제목에 일관성을 부여하십시오.

-

073

컴퓨터 파일 보관을 단순하고 쉽게 하십시오.
언제 어디서나 누구나라도 찾기 쉽게 분류하십시오.

-

074

직장생활에서 정보 공유는 필수입니다.
내가 가진 정보를 누구나 알 수 있도록 하십시오.

-

075

누구와도 협업할 수 있는 열린 인재가 되십시오.
직장생활은 혼자서 할 수 있는 곳이 아닙니다.

-

076

하루에 한두 시간, 자신의 미래를 위해 공부에 투자하십시오. 배우는 자가 앞서갑니다.

-

077

대체 불가능한 존재가 되십시오. 당신 아니면 안 되는 그 능력을 키우십시오.

-

078

자신만의 스트레스 해소법을 찾으십시오.
그리고 스트레스를 그날 그날 해치워 버리십시오.

-

079

웃으면 복이 오는 걸 넘어 승진과 연봉 인상이 옵니다. 늘 웃으며 밝게 생활하십시오.

-

080

전공이 다른 동료의 업무도 이해하려고 노력하십시오. 같이의 가치를 실천하십시오.

081

'하청업체'가 아니라 '협력업체'입니다.
업무에서 성공하고 싶다면 협력업체 직원을 진정한 동반자로 대하십시오.

082

시간을 관리하는 것은 직장인의 기본입니다.
출근, 회의시간은 물론이고 모든 약속에 늦지 마십시오.

-

083

회사 선택을 신중하게 하십시오. 한번 선택하면 적어도 몇 년은 다닐 각오로 선택하십시오.

-

084

협업을 요청할 때는 최대한 겸손하게 접근하십시오.
협력이 필요한 팀장들과 스킨십을 시도하십시오.

-

085

'나는 이 일을 왜 하는가?' '나는 왜 여기 있는가?'를 하루에 한 번 자신에게 질문하십시오.

086

피그말리온 효과. 나는 멋있는 사람이다.
나는 반드시 이 일을 해낸다는 말을 자주 하십시오.

087

거창하게 큰 목표에 도전하기보다 작은 목표부터 하나하나 성취감을 이루어 가십시오.
작은 성공은 결코 작지 않습니다.

088

내가 하는 일을 내 사업이라 생각하십시오.
멀지 않은 미래에 당신의 사업이 된다고 생각하면 일의 가치가 달라집니다.

-

089

모르면 배우면 된다고 심플하게 생각하십시오.
그게 무엇이든 당신이 공부했던 수많은 전공과목에 비하면 아무것도 아닙니다.

090

상사와의 대화에서 스트레스가 생겨도 곧바로 표현하지 마세요.
마음속에 쌓아두지도 마세요. 옥상에 올라가 잠시 심호흡하며 빨리 털어버리세요.

091
자신에 대한 상사의 평가, 동료의 평가에 귀 기울이십시오.
그 피드백이 당신을 성장시킵니다.

-

092
일주일에 두 가지 이상, 업무와 상관없는 약속을 잡으십시오.
잠시 업무에서 벗어나는 시간도 중요합니다.

-

093
웃음이 저절로 나오는 행복한 사진을 책상 위에 놓으십시오.
가족사진, 강아지 사진이어도 좋습니다.

-

094
완벽주의에 매달리지 마십시오. 70~80%를 위해 달리십시오. 그리고 나머지
20~30%에서 다시 70~80%를 채우면 90%를 넘는 완성도를 갖게 됩니다.

-

095
휴가, 쉬는 날도 계획을 세워 보내십시오. 잘 쉬어야 잘 일할 수 있는 법입니다.

-

096
휴대폰에 클래식 한두 곡은 넣어두십시오.
세상 소리에 시끄러울 때 잠시 클래식의 안정감에 빠져 보십시오.

-

097
이메일의 노예가 되지 마십시오.
하루 중 이메일 처리할 시간을 따로 두고 집중해서 처리하십시오.

-

098
90분마다 10분씩 휴식을 취하십시오.
공부도, 일도, 운전도 10분간의 휴식은 일의 집중을 높입니다.

-

099
일하는 자리를 옮겨 앉아 보십시오.
자기 자리를 벗어나 회의실이나 다른 공간에서 일을 하십시오.

-

100
이 99가지 노하우를 다이어리에 넣어두고 월요일 아침마다 읽어보십시오. 단언컨대
일주일에 한번 이 노하우를 읽는 것만으로도 당신의 삶은 바뀌어 나갈 것입니다.